DR. OETKER

POPOVERS & MUG CAKES

DR. OETKER

POPOVERS & MUG CAKES

Dr. Oetker Verlag

VORWORT

Immer nur das Gleiche backen ist doch langweilig. Überraschen Sie

doch mal Ihre Freundinnen oder die Familie: Diese Köstlichkeiten

werden in kleinen Formen oder Kaffeebechern ganz besonders

zubereitet und schmecken immer wieder anders. Probieren Sie doch mal

Mug Cakes als dunkle Orangen-Salzkaramell-Variante oder hell als

Schoko-Kokosmakronen-Köstlichkeit. Popovers sind in kleinen Förmchen

genauso einfach zu machen. Man kann sie süß mit Blaubeeren oder Nougat

und pikant mit Feta oder Pesto füllen. Sieht super aus und schmeckt fantastisch!

MUG CAKES

25 Minuten, ohne Abkühlzeit
⏱ **Backofen**
Backzeit: etwa 35 Minuten

6 Stück

E: 9 g, F: 25 g, Kh: 69 g,
kJ: 2257, kcal: 539, BE: 6,0

MASCARPONE-
ZITRONEN-MUG-CAKES

ZUM VORBEREITEN:
1 Bio-Zitrone (unbehandelt, ungewachst)

FÜR DEN RÜHRTEIG:
250 g Mascarpone (ital. Frischkäse)
2 EL Speiseöl, z. B. Sonnenblumenöl
150 g Zucker
Salz
2 Eier (Größe M)
270 g Weizenmehl
30 g Speisestärke

3 gestr. TL Dr. Oetker Backin
2 EL Zitronensaft (von der Zitrone)

ZUM BESTREUEN:
20 g Hagelzucker

ZUSÄTZLICH:
6 ofenfeste Becher/Tassen (je 200 ml Inhalt,
  Ø 6–8 cm, Höhe etwa 8 cm)

1_ Zum Vorbereiten die Zitrone heiß abwaschen, abtrocknen und die Schale auf der feinen Seite einer Haushaltsreibe abreiben. Die Zitrone halbieren und den Saft auspressen.

2_ Den Backofen vorheizen.
Ober-/Unterhitze: etwa 180 °C
Heißluft: etwa 160 °C

3_ Für den Teig Mascarpone und Speiseöl in eine Rührschüssel geben und mit einem Mixer (Rührstäbe) auf höchster Stufe schaumig rühren. Nach und nach Zucker und 1 Prise Salz unterrühren. So lange rühren, bis eine gebundene Masse entstanden ist. Eier nach und nach unterrühren (jedes Ei etwa ½ Minute).

4_ Mehl mit Speisestärke und Backpulver mischen, in 2 Portionen kurz auf mittlerer Stufe unterrühren. Zitronenschale und 2 Esslöffel Zitronensaft unterrühren.

5_ Den Teig in die Becher/Tassen (gefettet, gemehlt) füllen, glatt streichen und mit Hagelzucker bestreuen. Die Becher-/Tassenränder säubern. Das Backblech in den vorgeheizten Backofen (mittlere Schiene) schieben. Die Becher/Tassen auf das Backblech stellen. Die Mug Cakes **etwa 35 Minuten backen**.

6_ Die Becher/Tassen vom Backblech nehmen und auf einen Kuchenrost stellen. Mug Cakes erkalten lassen.

25 Minuten
🕐 **Backofen**
Backzeit: etwa 35 Minuten

10 Stück

▣ E: 3 g, F: 7 g, Kh: 25 g,
kJ: 742, kcal: 177, BE: 2,0

APFEL-MINIS

ZUM VORBEREITEN:
1 säuerlicher Apfel (etwa 125 g Fruchtfleisch)
1 EL Zitronensaft

FÜR DEN TEIG:
160 g Weizenmehl
1 ½ gestr. TL Dr. Oetker Backin
60 g Zucker
1 Pck. Dr. Oetker Vanillin-Zucker
*1 gestr. TL Dr. Oetker Finesse Geriebene
    Zitronenschale*

1 Ei (Größe M)
1 Eigelb (Größe M)
30 ml Speiseöl, z. B. Sonnenblumenöl
75 g Buttermilch
Semmelbrösel für die Tassen

ZUSÄTZLICH:
*10 ofenfeste Espressotassen je 100 ml Inhalt,
    Ø 5 ½–6 cm; Höhe 5 ½–6 cm*

1_ Zum Vorbereiten den Apfel schälen, vierteln, entkernen, grob reiben und mit Zitronensaft beträufeln.

2_ Den Backofen vorheizen.
Ober-/Unterhitze: etwa 180 °C
Heißluft: etwa 160 °C

3_ Für den Teig Mehl mit Backpulver in einer Rührschüssel mischen. Zucker, Vanillin-Zucker, Zitronenschale, Ei, Eigelb, Speiseöl und Buttermilch hinzufügen. Die Zutaten mit einem Mixer (Rührstäbe) zunächst kurz auf niedrigster, dann auf höchster Stufe zu einem glatten Teig verarbeiten, Apfelraspel unterheben.

4_ Den Teig in die Espressotassen (gefettet, mit Semmelbröseln ausgestreut) füllen. Die Tassenränder säubern. Die Espressotassen auf ein Backblech stellen.

5_ Das Backblech in den vorgeheizten Backofen (mittlere Schiene) schieben. Die Apfel-Minis **etwa 35 Minuten backen**.

6_ Die Espressotassen vom Backblech nehmen und auf einen Kuchenrost stellen. Die Apfel-Minis vollständig erkalten lassen.

→ TIPP:
Die Apfel-Minis vor dem Servieren mit bunten Zuckerherzen bestreuen.

5 Minuten
Mikrowelle
⏱ Garzeit bei 600 Watt:
etwa 3 Minuten 40 Sekunden
Garzeit bei 800 Watt:
etwa 2 Minuten 30 Sekunden

2 Stück

🖩 E: 11 g, F: 16 g, Kh: 58 g,
kJ: 1808, kcal: 432, BE: 5,0

MINI-LEBKUCHEN-
COBBLER

90 g trockene Leb-, Honig- oder Gewürzkuchen
25 g Zartbitter-Schokolade oder
    Zartbitter-Raspelschokolade
1 TL Weizenmehl
1 Eiweiß (Größe M)
30 g Zucker
2 Eigelb (Größe M)

2 TL Johannisbeer- oder Kirschkonfitüre
    (aus dem Glas)
2 TL gestiftelte oder gehobelte Mandeln

ZUSÄTZLICH:
2 mikrowellengeeignete Tassen je 300 ml Inhalt,
    Ø etwa 7 ½ cm, Höhe etwa 9 cm

1_ Leb-, Honig- oder Gewürzkuchen in einem Mixer fein zerbröseln. Schokolade raspeln. Gebäckbrösel mit Mehl und Raspelschokolade in einer Rührschüssel mischen.

2_ Das Eiweiß cremig aufschlagen (nicht steif schlagen), Zucker dabei einrieseln lassen. Eigelb unterschlagen.

3_ Die Eier-Zucker-Creme mit einem Teigschaber unter die Brösel-Schokoladen-Mischung ziehen. Konfitüre verrühren und mit einem Teigschaber unter den Teig rühren. Den Teig in den 2 Tassen verteilen.

4_ Mandeln in einer Pfanne ohne Fett anrösten und auf den Teig streuen. Die Tassen in die Mikrowelle stellen. Lebkuchen-Cobbler bei **600 Watt etwa 3 Minuten 40 Sekunden** oder bei **800 Watt etwa 2 Minuten 30 Sekunden** garen.

5_ Lebkuchen-Cobbler sofort anrichten und servieren.

→ TIPP:
Den Leb-, Honig-oder Gewürzkuchen am besten vor dem Zerbröseln einige Tage an der Luft trocknen lassen.

30 Minuten **Backofen** Backzeit: etwa 45 Minuten	8 Stück	E: 7 g, F: 32 g, Kh: 46 g, kJ: 2114, kcal: 505, BE: 4,0

SCHOKINO-
MUG-CAKES

FÜR DEN TEIG:

200 g Butter oder Margarine (zimmerwarm)
80 g Puderzucker
1 Pck. Dr. Oetker Vanillin-Zucker
Salz
4 Eigelb (Größe M)
200 g Weizenmehl
1 gestr. TL Dr. Oetker Backin

4 Eiweiß (Größe M)
80 g Zucker
100 g grob gehackte Zartbitter-Schokolade
   (etwa 60 % Kakaoanteil)

ZUSÄTZLICH:

8 ofenfeste Becher/Tassen je 200 ml Inhalt,
   Ø 6–8 cm, Höhe etwa 8 cm

1_ Den Backofen vorheizen.
Ober-/Unterhitze: etwa 180 °C
Heißluft: etwa 160 °C

2_ Für den Teig Butter oder Margarine mit einem Mixer (Rührstäbe) auf höchster Stufe geschmeidig rühren. Nach und nach Puderzucker, Vanillin-Zucker und 1 Prise Salz unterrühren. So lange rühren, bis eine gebundene Masse entstanden ist. Eigelb nach und nach unterrühren.

3_ Mehl mit Backpulver mischen, in 2 Portionen kurz auf mittlerer Stufe unterrühren, sodass ein glatter Teig entsteht. Eiweiß mit Zucker so steif schlagen, dass ein Messerschnitt sichtbar bleibt. Eischnee unter den Teig heben. Gehackte Schokolade ebenfalls unterheben.

4_ Den Teig mit einem Esslöffel in die Becher/Tassen (gefettet, gemehlt) füllen. Darauf achten, dass die Becher/Tassen maximal nur bis zu zwei Dritteln mit dem Teig gefüllt sind.

5_ Die Becher-/Tassenränder säubern. Das Backblech in den vorgeheizten Backofen (unteres Drittel) schieben. Die Becher/Tassen auf das Backblech stellen. Die Mug Cakes **etwa 45 Minuten backen**.

6_ Die Becher/Tassen vom Backblech nehmen und auf einen Kuchenrost stellen. Mug Cakes vollständig erkalten lassen.

35 Minuten, ohne Abkühlzeit
⏱ **Backofen**
Backzeit: 40–45 Minuten

8 Stück

⊞ E: 5 g, F: 16 g, Kh: 47 g,
kJ: 1491, kcal: 356, BE: 4,0

APRIKOSEN-REIS-
MUG-CAKES

ZUM VORBEREITEN:
*470 g abgetropfte Aprikosen–
    hälften (aus der Dose)*
*250 ml Aprikosensaft
    (aus der Dose)*
75 g Milchreis (Rundkornreis)
*1 Pck. Dr. Oetker Finesse
    Geriebene Zitronenschale*

FÜR DEN RÜHRTEIG:
80 ml Speiseöl
100 g Puderzucker
*1 Pck. Dr. Oetker
    Vanillin-Zucker*
2 Eier (Größe M)
100 g Weizenmehl
2 gestr. TL Dr. Oetker Backin

ZUSÄTZLICH:
*8 ofenfeste Tassen/Becher
    je 175 ml Inhalt,
    Ø etwa 6 cm, Höhe 6–7 cm*

1_ Zum Vorbereiten von den Aprikosenhälften den Saft auffangen und 250 ml abmessen. 200 g der Aprikosenhälften in Stücke schneiden, mit dem abgemessenen Saft in einen Rührbecher geben und fein pürieren.

2_ Aprikosenpüree mit Reis und Zitronenschale in einen Topf geben, unter Rühren zum Kochen bringen. Den Reis zugedeckt bei schwacher Hitze etwa 30 Minuten unter gelegentlichem Rühren quellen lassen. Reismasse abkühlen lassen.

3_ Restliche Aprikosenhälften (etwa 270 g) in etwa 1 cm große Würfel schneiden.

4_ Den Backofen vorheizen.
Ober-/Unterhitze: etwa 180 °C
Heißluft: etwa 160 °C

5_ Für den Teig Speiseöl mit Puderzucker und Vanillin-Zucker in eine Rührschüssel geben und mit einem Mixer (Rührstäbe) auf niedrigster Stufe glatt rühren. Die Eier nach und nach auf mittlerer Stufe unterrühren (jedes Ei etwa ½ Minute). Die Masse anschließend etwa 2 Minuten auf höchster Stufe schaumig schlagen. Mehl mit Backpulver mischen und kurz auf niedrigster Stufe unterrühren. Aprikosenreis mit einem Teigspatel sorgfältig unterheben.

6_ Den Teig in die Tassen/Becher (bis etwa 3 cm unter den Rand gefettet und gemehlt) füllen. Aprikosenwürfel darauf verteilen. Die Tassen-/Becherränder säubern. Das Backblech in den vorgeheizten Backofen schieben. Die Tassen/Becher auf das Backblech stellen. Die Mug Cakes **in 40–45 Minuten goldbraun backen.**

7_ Anschließend die Mug Cakes im leicht geöffneten Backofen etwa 5 Minuten abkühlen lassen.

8_ Dann die Tassen/Becher vom Backblech nehmen und auf einen Kuchenrost stellen. Mug Cakes vollständig erkalten lassen.

30 Minuten, ohne Abkühlzeit
⏱ **Backofen**
Backzeit: etwa 30 Minuten

8 Stück

E: 9 g, F: 29 g, Kh: 45 g,
kJ: 2017, kcal: 482, BE: 3,5

SCHOKO-MUG-CAKES

FÜR DEN RÜHRTEIG:
150 g Zartbitter-Schokolade
150 g Butter oder Margarine (zimmerwarm)
75 g Zucker
1 Pck. Dr. Oetker Vanillin-Zucker
Salz
2 Eier (Größe M)
4 Eigelb (Größe M)
150 g Weizenmehl

10 g gesiebtes Kakaopulver
1 gestr. TL Dr. Oetker Backin
4 Eiweiß (Größe M)
75 g extrafeiner Zucker
etwas Puderzucker

ZUSÄTZLICH:
8 ofenfeste Becher/Tassen je 200 ml Inhalt,
Ø 6–8 cm, Höhe etwa 8 cm

1_ Für den Teig Schokolade in Stücke brechen, in einem kleinen Topf im Wasserbad bei schwacher Hitze unter Rühren schmelzen, Schokolade etwas abkühlen lassen.

2_ Den Backofen vorheizen.
Ober-/Unterhitze: etwa 180 °C
Heißluft: etwa 160 °C

3_ Butter oder Margarine mit einem Mixer (Rührstäbe) auf höchster Stufe geschmeidig rühren. Nach und nach Zucker, Vanillin-Zucker, 1 Prise Salz und die Schokoladenmasse unterrühren. So lange rühren, bis eine gebundene Masse entstanden ist.

4_ Eier und Eigelb nach und nach unterrühren (jedes Ei/ Eigelb etwa ½ Minute). Mehl mit Kakao und Backpulver mischen, kurz auf mittlerer Stufe unterrühren.

5_ Das Eiweiß mit Zucker so steif schlagen, dass ein Messerschnitt sichtbar bleibt. Eischnee unter den Teig heben.

6_ Den Teig mit einem Esslöffel in die Becher/Tassen (gefettet, gemehlt) füllen. Darauf achten, dass die Becher/Tassen maximal nur bis zu zwei Dritteln mit dem Teig gefüllt sind. Becher-/Tassenränder säubern.

7_ Das Backblech in den vorgeheizten Backofen (mittlere Schiene) schieben. Die Becher/Tassen auf das Backblech stellen. Die Mug Cakes **etwa 30 Minuten backen**.

8_ Die Becher/Tassen vom Backblech nehmen und auf einen Kuchenrost stellen. Die Mug Cakes vollständig erkalten lassen. Mit Puderzucker bestäubt servieren.

→ TIPPS:
Die Schoko-Mug-Cakes sind ein hübsches Mitbringsel für ein Geburtstagspicknick. Nehmen Sie noch eine Streudose mit Puderzucker und kleine Kerzen mit und dekorieren Sie die Mug Cakes vor Ort.

5 Minuten
Mikrowelle

⏱ Garzeit bei 600 Watt:
etwa 4 Minuten 30 Sekunden
Garzeit bei 800 Watt:
etwa 3 Minuten

2 Stück

🔲 E: 13 g, F: 15 g, Kh: 73 g,
kJ: 2033, kcal: 486, BE: 6,0

MARSHMALLOW-JOHANNISBEER-
MUG-CAKES

2 große Marshmallows (etwa 14 g)
2 EL rote Johannisbeeren (40 g, frisch oder TK)
90 g Weizenmehl
55 g Zucker
1 Pck. Dr. Oetker Bourbon-Vanille-Zucker
Salz
½ gestr. TL Dr. Oetker Backin
2 EL flüssige Butter oder Pflanzencreme
*   mit Butteraroma*

2 Eier (Größe M)
3 EL Joghurt (60 g, 3,5 % Fett)

ZUSÄTZLICH:
2 mikrowellengeeignete Tassen je 300 ml Inhalt,
*   Ø etwa 7 ½ cm, Höhe etwa 9 cm*

1_ Marshmallows am besten mit einer Schere in etwa ½ cm feine Würfel schneiden. Frische Johannisbeeren abspülen und auf Küchenpapier ausgebreitet abtropfen lassen.

2_ Mehl mit Zucker, Vanille-Zucker und 1 Prise Salz in einer Rührschüssel mischen. Gesiebtes Backpulver unterrühren. Marshmallowwürfel untermischen.

3_ Butter oder Pflanzencreme mit Eiern und Joghurt in einer Rührschüssel mit einem Schneebesen verschlagen. Die Mehlmischung hinzugeben und alles kurz zu einem glatten Teig verrühren. Die frischen oder gefrorenen Johannisbeeren kurz unterrühren.

4_ Den Teig in den 2 Tassen verteilen. Die Tassen in die Mikrowelle stellen. Die Mug Cakes bei **600 Watt etwa 4 Minuten 30 Sekunden** oder bei **800 Watt etwa 3 Minuten** garen.

5_ Mug Cakes sofort anrichten und servieren.

HINWEIS:
Achtung, die Fruchtstückchen sind sehr heiß!

30 Minuten, ohne Abkühlzeit
Backofen
Backzeit: etwa 25 Minuten

4 Stück

E: 13 g, F: 59 g, Kh: 60 g,
kJ: 3467, kcal: 828, BE: 5,0

BROWNIE MUG CAKES

FÜR DEN TEIG:
150 g Zartbitter-Schokolade
  (etwa 60 % Kakaoanteil)
100 g Butter
60 g Zucker
1 Pck. Dr. Oetker Bourbon-Vanille-Zucker
2 Eier (Größe M)
80 g Weizenmehl
½ gestr. TL Dr. Oetker Backin

40 g grob gehackte Walnusskerne
40 g grob gehackte Cashewkerne
40 g grob gehackte, weiße Schokolade
20 g weiße Kuvertüre
1 TL gehackte Walnusskerne

ZUSÄTZLICH:
4 ofenfeste Becher/Tassen je 200 ml Inhalt,
  Ø 6–8 cm, Höhe etwa 8 cm

1_ Für den Teig die Schokolade in Stücke brechen, mit Butter in einem kleinen Topf im Wasserbad bei schwacher Hitze unter Rühren schmelzen. Die Schokoladenmasse in eine Rührschüssel geben und erkalten lassen.

2_ Den Backofen vorheizen.
Ober-/Unterhitze: etwa 180 °C
Heißluft: etwa 160 °C

3_ Zucker, Vanille-Zucker und Eier zur Schokoladenmasse in die Rührschüssel geben und mit einem Rührlöffel unterrühren. Mehl mit Backpulver mischen und unter die Schokoladenmasse rühren. Walnuss-, Cashewkerne und die gehackte Schokolade unterheben.

4_ Den Teig mit einem Esslöffel in die Becher/Tassen (gefettet, gemehlt) füllen. Die Becher-/Tassenränder säubern. Das Backblech in den vorgeheizten Backofen (mittlere Schiene) schieben. Die Becher/Tassen auf das Backblech stellen. Die Mug Cakes **etwa 25 Minuten backen**.

5_ Die Becher/Tassen vom Backblech nehmen und auf einen Kuchenrost stellen. Die Mug Cakes vollständig erkalten lassen.

6_ Die Mug Cakes mit geschmolzener Kuvertüre beträufeln und mit Walnusskernen bestreuen. Kuvertüre fest werden lassen.

20 Minuten

⏱ **Backofen**
Backzeit: etwa 40 Minuten

6 Stück

E: 13 g, F: 38 g, Kh: 53 g,
kJ: 2581, kcal: 616, BE: 4,5

MANDARINEN-
MUG-CAKES

FÜR DEN RÜHRTEIG:

150 g Butter oder Margarine (zimmerwarm)
100 g Zucker
1 Pck. Dr. Oetker Vanillin-Zucker
1 Pck. Dr. Oetker Finesse
    Orangenschalen-Aroma
3 Eier (Größe M)
225 g Weizenmehl
1 ½ gestr. TL Dr. Oetker Backin

100 g abgezogene, gem. Mandeln
175 g abgetropfte Mandarinen (aus der Dose)

ZUSÄTZLICH:

6 ofenfeste Becher/Tassen je 200 ml Inhalt,
    Ø 6–8 cm, Höhe etwa 8 cm
etwa 35 g abgezogene, gem. Mandeln
    für die Becher/Tassen

1_ Den Backofen vorheizen.
Ober-/Unterhitze: etwa 180 °C
Heißluft: etwa 160 °C

2_ Für den Teig die Butter oder Margarine mit einem
Mixer (Rührstäbe) auf höchster Stufe geschmeidig rühren. Nach und nach Zucker, Vanillin-Zucker und Orangenschalen-Aroma unterrühren.
So lange rühren, bis eine gebundene Masse
entstanden ist. Eier nach und nach unterrühren
(jedes Ei etwa ½ Minute).

3_ Mehl mit Backpulver mischen, in 2 Portionen
kurz auf mittlerer Stufe unterrühren. Mandeln
und Mandarinen kurz mit dem Mixer (Rührstäbe)
unterrühren.

4_ Den Teig mit einem Esslöffel in die Becher/Tassen
(gefettet, mit Mandeln ausgestreut) füllen. Die
Becher-/Tassenränder säubern. Das Backblech
in den vorgeheizten Backofen (unteres Drittel)
schieben. Die Becher/Tassen auf das Backblech
stellen. Die Mug Cakes **etwa 40 Minuten backen**.

5_ Die Becher/Tassen vom Backblech nehmen und
auf einen Kuchenrost stellen. Mug Cakes vollständig erkalten lassen.

→ **TIPP:**

Nach Belieben können Sie die Mug Cakes mit einem
Guss, aus 40 g Puderzucker mit 1–2 Teelöffeln Manda-
rinensaft verrührt, verzieren. Streichen Sie zuerst etwa
zwei Drittel des Gusses auf die Mug Cakes. Verrühren
Sie eine Messerspitze Kakaopulver mit dem restlichen
Guss und verzieren Sie die Oberfläche (Foto).

5–8 Minuten
Mikrowelle

⏱ Garzeit bei 600 Watt:
etwa 3 Minuten 30 Sekunden
Garzeit bei 800 Watt:
etwa 2 Minuten 20 Sekunden

2 Stück

E: 15 g, F: 31 g, Kh: 76 g,
kJ: 2699, kcal: 645, BE: 6,5

CAPPUCCINO-
WALNUSS-
MUG-CAKES

30 g gem. Walnuss- oder Haselnusskerne
2 geh. TL Instant-Cappuccino-Pulver
(etwa 8 g)
65 g Weizenmehl
80 g Zucker
1 große Prise Salz
½ gestr. TL Dr. Oetker Backin
2 Eier (Größe M)
2 EL Sonnenblumenöl oder Pflanzencreme
mit Butteraroma
4 EL Buttermilch
2 TL Nuss-Nougat-Creme (aus dem Glas)

ZUM GARNIEREN UND BESTÄUBEN:
2 Walnusskernhälften
1 TL Kakaopulver
½ TL Puderzucker

ZUSÄTZLICH:
2 mikrowellengeeignete Tassen je 300 ml Inhalt,
Ø etwa 7 ½ cm, Höhe etwa 9 cm

1_ Nusskerne, Cappuccino-Pulver, Mehl, Zucker und Salz in einer Rührschüssel mischen, gesiebtes Backpulver gut untermischen.

2_ Eier mit Sonnenblumenöl oder Pflanzencreme und Buttermilch in einer Rührschüssel mit einem Schneebesen verschlagen. Die Mehl-Nuss-Mischung hinzugeben und alles kurz zu einem glatten Teig verrühren.

3_ Den Teig in den 2 Tassen verteilen. Je einen Teelöffel Nuss-Nougat-Creme daraufsetzen. Die Tassen in die Mikrowelle stellen. Die Mug Cakes bei **600 Watt etwa 3 Minuten 30 Sekunden** oder bei **800 Watt etwa 2 Minuten 20 Sekunden** garen.

4_ Die Tassen aus der Mikrowelle nehmen. Die Mug Cakes mit je einer Walnusskernhälfte garnieren, mit Kakao und Puderzucker bestäuben, sofort anrichten und servieren.

HINWEIS:
Achtung, die „nach unten gerutschte" Nougatcreme ist sehr heiß!

40 Minuten, ohne Abkühlzeit

⏱ Backofen
Backzeit: etwa 35 Minuten

6 Stück

■ E: 10 g, F: 45 g, Kh: 64 g,
kJ: 2956, kcal: 705, BE: 5,5

GESTRUDELTE
NUSS-MUG-CAKES

(Titelrezept)

FÜR DEN TEIG:

40 g Zartbitter-Kuvertüre
150 g Weizenmehl
½ Pck. Dr. Oetker Backin
75 g gem. Haselnusskerne
3 Eier (Größe M)
75 ml Apfelsaft
80 g Zucker
1 Pck. Dr. Oetker
  Vanillin-Zucker

25 ml Sesamöl
125 ml Sonnenblumenöl
6 Gebäckstangen, mit feiner
  Schokolade umhüllt
250 g Kirschgrütze
  (aus dem Kühlregal)
250 ml Bourbon-Vanille-
  Sauce (aus dem Kühlregal)

ZUSÄTZLICH:

6 ofenfeste Becher/Tassen
  je 200 ml Inhalt,
  Ø 6–8 cm, Höhe etwa 8 cm
2 EL Butter (zimmerwarm)
  zum Ausstreichen der
  Tassen
2 EL Zucker zum Ausstreuen
  der Tassen

1_ Den Backofen vorheizen.
Ober-/Unterhitze: etwa 180 °C
Heißluft: etwa 160 °C

2_ Die Tassen mit der Butter ausstreichen, mit Zucker bestreuen und mit etwas Abstand auf ein Backblech stellen.

3_ Für den Teig die Kuvertüre in grobe Stücke hacken, in einem kleinen Topf im Wasserbad bei schwacher Hitze unter Rühren schmelzen. Kuvertüre auf Zimmertemperatur abkühlen lassen.

4_ Mehl mit Backpulver und Haselnusskernen gut vermischen. Eier und Apfelsaft in eine Rührschüssel geben, mit einem Mixer (Rührstäbe) etwa 1 Minute schaumig schlagen. Zucker und Vanillin-Zucker hinzufügen, weitere etwa 4 Minuten schlagen, bis ein elastischer Schaum entstanden ist. Sesam- und Sonnenblumenöl kurz unterrühren. Das Mehlgemisch hinzugeben und ebenfalls kurz unterrühren.

5_ Einen Esslöffel vom Teig abnehmen und mit der geschmolzenen Kuvertüre glatt rühren. Etwa ein Viertel des restlichen Teiges hinzugeben und vorsichtig mit der Kuvertüremasse verrühren.

6_ Jeweils abwechselnd einen Esslöffel vom hellen und dunklen Teig in die Mitte der Becher/Tassen geben. So fortfahren, bis der Teig verbraucht und gleichmäßig in den Bechern/Tassen verteilt ist. Anschließend den Teig mit einem Teelöffelstiel einmal „strudelartig" durchrühren. Die Becher-/Tassenränder säubern.

7_ Das Backblech in den vorgeheizten Backofen (mittlere Schiene) schieben. Die Mug Cakes **etwa 35 Minuten backen.**

8_ Die Becher/Tassen vom Backblech nehmen und auf einen Kuchenrost stellen. Die Mug Cakes erkalten lassen.

9_ Vor dem Servieren jeweils eine Gebäckstange in die Mug Cakes stecken. Die Mug Cakes mit der Kirschgrütze und der Vanille-Sauce servieren.

→ TIPP:

Die Mug Cakes können einen Tag vor dem Servieren gebacken werden. Stellen Sie die erkalteten Mug Cakes dann zugedeckt kalt.

5 Minuten
Mikrowelle
Garzeit bei 600 Watt:
etwa 4 Minuten 10 Sekunden
Garzeit bei 800 Watt:
etwa 2 Minuten 50 Sekunden

2 Stück

E: 15 g, F: 23 g, Kh: 84 g,
kJ: 2565, kcal: 613, BE: 7,0

DUNKLE
SCHOKO-MINZ-
MUG-CAKES

30 g gesiebtes Kakaopulver
60 g Weizenmehl
70 g Zucker
Salz
½ gestr. TL Dr. Oetker Backin
60 g (7 Stück) Schokoladen–Täfelchen
   mit Minzecremefüllung
2 EL flüssige Butter oder Sonnenblumenöl oder
   Pflanzencreme (zum Backen oder Braten)

2 Eier (Größe M)
4 EL Milch
evtl. 2 Minzeblättchen

ZUSÄTZLICH:
2 mikrowellengeeignete Tassen je 300 ml Inhalt,
   Ø etwa 7 ½ cm, Höhe etwa 9 cm

1_ Kakao, Mehl, Zucker und 1 Prise Salz in einer Rührschüssel mischen, gesiebtes Backpulver gut untermischen. Die Schokoladentäfelchen in feine Stückchen schneiden.

2_ Butter oder Sonnenblumenöl oder Pflanzencreme mit Eiern und Milch in einer Rührschüssel mit einem Schneebesen verschlagen. Kakao-Mehl-Mischung hinzugeben und alles kurz zu einem glatten Teig verrühren. Dann die Schoko-Minz-Stückchen mit einem Teigschaber unterheben.

3_ Den Teig in den 2 Tassen verteilen. Die Tassen in die Mikrowelle stellen. Die Mug Cakes bei **600 Watt etwa 4 Minuten 10 Sekunden** garen oder bei **800 Watt etwa 2 Minuten 50 Sekunden** garen.

4_ Die Mug Cakes sofort anrichten, nach Belieben mit je einem abgespülten, trocken getupften Minzeblättchen garnieren.

→ TIPP:
Zum Servieren je ein Schokoladen-Täfelchen in die Schoko-Minz-Mug-Cakes stecken (Foto).

5 Minuten
Mikrowelle

⏱ Garzeit bei 600 Watt:
etwa 3 Minuten 40 Sekunden
Garzeit bei 800 Watt:
etwa 2 Minuten 30 Sekunden

2 Stück

E: 13 g, F: 30 g, Kh: 99 g,
kJ: 3040, kcal: 726, BE: 8,5

ORANGEN-SALZKARAMELL-
MUG-CAKES

5 Sahne-Weichkaramell-Bonbons
100 g Weizenmehl
75 g Zucker
½ gestr. TL Dr. Oetker Backin
40 g Butter oder Pflanzenmargarine
2 Eier (Größe M)
3 EL Schlagsahne

fein abgeriebene Schale von ½ Bio-Orange
(unbehandelt, ungewachst) oder ½ TL
Dr. Oetker Finesse Orangenschalen-Aroma
½ TL feine Meersalzflocken

ZUSÄTZLICH:
2 mikrowellengeeignete Tassen je 300 ml Inhalt,
Ø etwa 7 ½ cm, Höhe etwa 9 cm

1_ Karamell-Bonbons fein hacken. Mehl mit Zucker und gesiebtem Backpulver in einer Rührschüssel gut vermischen. Die Bonbonstückchen untermischen, sodass jedes Stückchen mit Mehl umhüllt ist.

2_ Butter oder Margarine in eine mikrowellengeeignete Schüssel geben und in der Mikrowelle bei **600 Watt etwa 40 Sekunden** schmelzen.

3_ Eier, Sahne und Orangenschale zur Butter oder Margarine geben und mit einem Schneebesen gut unterschlagen. Dann die Mehl-Karamell-Mischung hinzugeben und kurz unterrühren. Meersalz ebenfalls kurz untermischen.

4_ Den Teig in den 2 Tassen verteilen und in die Mikrowelle stellen. Die Mug Cakes bei **600 Watt etwa 3 Minuten 40 Sekunden** oder bei **800 Watt etwa 2 Minuten 30 Sekunden** garen.

5_ Die Mug Cakes sofort anrichten und servieren.

→ TIPP:
Die Mug Cakes mit Puderzucker bestäubt servieren.

10 Minuten
Mikrowelle
🕐 Garzeit bei 600 Watt:
etwa 3 Minuten 40 Sekunden
Garzeit bei 800 Watt:
etwa 2 Minuten 30 Sekunden

2 Stück

E: 15 g, F: 31 g, Kh: 76 g,
kJ: 2710, kcal: 647, BE: 6,5

SCHOKO-KOKOSMAKRONEN-
MUG-CAKES

FÜR DEN KOKOSMAKRONEN-BELAG:
30 g Kokosraspel
20 g Zucker (2 EL)
1 Eiweiß (Größe M)

FÜR DEN SCHOKOTEIG:
2 EL Sonnenblumenöl oder
*   Pflanzencreme mit Butteraroma*
1 Ei (Größe M)
2 Eigelb (Größe M)

3 EL Kokosdrink
*   (oder Milch, Reis– oder Sojadrink)*
15 g gesiebtes Kakaopulver (1 geh. EL)
70 g Weizenmehl
70 g Zucker
Salz
½ gestr. TL Dr. Oetker Backin

ZUSÄTZLICH:
2 mikrowellengeeignete Tassen je 300 ml Inhalt,
*   Ø etwa 7 ½ cm, Höhe etwa 9 cm*

1_ Für den Belag Kokosraspel, Zucker und Eiweiß in einem kleinen Topf bei schwacher Hitze unter Rühren erwärmen, bis sich der Zucker gelöst hat und die Masse weißlich wird: Kokosmasse kurz beiseitestellen.

2_ Für den Teig Sonnenblumenöl oder Pflanzencreme, Ei, Eigelb und Kokosdrink oder Milch, Reis- oder Sojadrink in eine Rührschüssel geben und mit einem Schneebesen gut verschlagen. Kakao mit Mehl, Zucker, 1 Prise Salz und gesiebtem Backpulver mischen, zu der Kokosdrink-Eier-Masse geben und alles kurz zu einem glatten Teig verschlagen.

3_ Den Teig gleichmäßig in den 2 Tassen verteilen. Die Kokosmasse darauf verteilen. Die Tassen in die Mikrowelle stellen. Die Mug Cakes bei **600 Watt etwa 3 Minuten 40 Sekunden** oder bei **800 Watt etwa 2 Minuten 30 Sekunden** garen.

4_ Die Schoko-Kokosmakronen-Mug-Cakes sofort anrichten und servieren.

35 Minuten, ohne Kühlzeit
🕙 **Backofen**
Backzeit: etwa 40 Minuten

8 Stück

E: 9 g, F: 29 g, Kh: 55 g,
kJ: 2212, kcal: 528, BE: 4,5

MANGO-STREUSEL-
MUG-CAKES

FÜR DIE STREUSEL:

75 g Weizenmehl
1 gestr. EL gesiebtes Kakaopulver
50 g Zucker
1 Pck. Dr. Oetker Bourbon-Vanille-Zucker
50 g Butter oder Margarine (zimmerwarm)

ZUM VORBEREITEN:

1 große Mango (etwa 550 g)

FÜR DEN RÜHRTEIG:

125 g Butter oder Margarine (zimmerwarm)
125 g Zucker
2 Eier (Größe M)
200 g Weizenmehl
2 gestr. TL Dr. Oetker Backin
100 g gehobelte Mandeln

ZUSÄTZLICH:

8 ofenfeste Becher/Tassen je 200 ml Inhalt,
Ø 6–8 cm, Höhe etwa 8 cm

1_ Für die Streusel Mehl mit Kakao in einer Rührschüssel mischen. Zucker, Vanille-Zucker und Butter oder Margarine hinzufügen. Die Zutaten mit dem Mixer (Rührstäbe) zu feinen Streuseln verarbeiten. Streusel bis zur weiteren Verwendung in den Kühlschrank stellen.

2_ Zum Vorbereiten die Mango schälen und das Fruchtfleisch in dünnen Spalten vom Stein schneiden. 8 schöne, große Mangospalten aussuchen, halbieren und beiseitelegen. Von dem restlichen Fruchtfleisch 150 g abwiegen und pürieren.

3_ Den Backofen vorheizen.
Ober-/Unterhitze: etwa 180 °C
Heißluft: etwa 160 °C

4_ Für den Teig Butter oder Margarine mit einem Mixer (Rührstäbe) auf höchster Stufe geschmeidig rühren. Nach und nach Zucker unterrühren. So lange rühren, bis der Zucker gut gelöst ist. Eier nach und nach unterrühren (jedes Ei etwa ½ Minute). So lange rühren, bis eine gebundene Masse entstanden ist.

5_ Mehl mit Backpulver mischen, die Hälfte davon hinzugeben und kurz unterrühren. Dann restliche Mehlmischung und das Mangopüree auf mittlerer Stufe unterrühren. Mandeln unterheben.

6_ Jeweils knapp 1 Esslöffel des Teiges in jeden Becher/jede Tasse (gefettet) füllen. Von den Mangospalten senkrecht jeweils 2 Spalten gegenüber an die Becher-/Tassenwände stellen und leicht in den Teig drücken, damit sie Halt haben. Den restlichen Teig vorsichtig mit einem Esslöffel in die Becher/Tassen füllen.

7_ Die kalt gestellten Streusel auf dem Teig in den Bechern/Tassen verteilen. Die Becher-/Tassenränder säubern. Das Backblech in den vorgeheizten Backofen (unteres Drittel) schieben. Die Becher/Tassen auf das Backblech stellen. Die Mug Cakes **etwa 40 Minuten backen**.

8_ Die Becher/Tassen vom Backblech nehmen und auf einen Kuchenrost stellen. Mug Cakes vollständig erkalten lassen.

5 Minuten
Mikrowelle
⏱ Garzeit bei 600 Watt:
etwa 3 Minuten
Garzeit bei 800 Watt:
etwa 2 Minuten 10 Sekunden

2 Stück

E: 15 g, F: 65 g, Kh: 119 g,
kJ: 4735, kcal: 1129, BE: 10,0

AMARETTINI-PUNSCH-
MUG-CAKES

FÜR DAS ICING:

1 kleine Bio-Mandarine oder Orange
   (unbehandelt)
45 g Puderzucker
40 g Butter (zimmerwarm)
50 g Doppelrahm-Frischkäse (zimmerwarm)

FÜR DEN TEIG:

100 g Amarettini (ital. Mandelmakronen)
40 g Weizenmehl
60 g Zucker
1 große Prise Salz

1 gestr. TL Dr. Oetker Backin
4 EL Butter oder Pflanzencreme
2 Eier (Größe M)
4 EL trockener Rotwein oder
   Johannisbeer-Nektar
je 2 gute Prisen gem. Gewürznelken, Zimt,
   Kardamom
etwas Puderzucker

ZUSÄTZLICH:

2 mikrowellengeeignete Tassen je 300 ml Inhalt,
   Ø etwa 7 ½ cm, Höhe etwa 9 cm

1_ Für das Icing Mandarine oder Orange heiß abwaschen, abtrocknen, die Schale fein abreiben
und etwa ½ Teelöffel abmessen. Puderzucker
sieben. Butter in einem schmalen, hohen Rührbecher mit einem Mixer (Rührstäbe) hellcremig
aufschlagen. Puderzucker nach und nach gut
untermixen. Dann den Frischkäse und die ab-
gemessene Mandarinen- oder Orangenschale
unterschlagen. Das Icing bis zum Verzehr in den
Kühlschrank stellen.

2_ Für den Teig Amarettini in einem Mixer fein mah-
len oder Amarettini in einen Gefrierbeutel geben
und den Beutel fest verschließen. Amarettini mit
einer Teigrolle fein zerbröseln. Amarettinibrösel in
eine Rührschüssel geben, mit Mehl, Zucker, Salz
und gesiebtem Backpulver gut vermischen.

3_ Butter oder Pflanzencreme in eine mikrowellengeeignete Schüssel geben und in der Mikrowelle
bei 600 Watt etwa 40 Sekunden schmelzen. Eier,
Rotwein oder Nektar und Gewürze hinzugeben
und alles mit einem Schneebesen gründlich verschlagen. Dann die Brösel-Mehl-Mischung kurz
unterrühren.

4_ Den Teig in den 2 Tassen verteilen und in die
Mikrowelle stellen. Die Mug Cakes bei **600 Watt
etwa 3 Minuten** oder bei **800 Watt etwa 2 Minuten 10 Sekunden** garen.

5_ Die Mug Cakes sofort anrichten. Mit Puderzucker
und der restlichen Orangen- oder Mandarinen-
schale bestreut servieren. Das kalt gestellte Icing
dazureichen.

5–8 Minuten
Mikrowelle

⏱ Garzeit bei 600 Watt:
etwa 3 Minuten 40 Sekunden
Garzeit bei 800 Watt:
etwa 2 Minuten 30 Sekunden

2 Stück

⚖ E: 12 g, F: 19 g, Kh: 58 g,
kJ: 1929, kcal: 460, BE: 5,0

APRIKOSEN-FRISCHKÄSE-
MUG-CAKES

1 Eigelb (Größe M)
75 g Doppelrahm-Frischkäse
1 Pck. Dr. Oetker Vanillin-Zucker
40 g Instant-Weichweizengrieß
15 g Weizenmehl (etwa 1 EL)
¼ gestr. TL Dr. Oetker Backin
1 TL Dr. Oetker Finesse Geriebene
*   Zitronenschale*
1 Eiweiß (Größe M)

50 g Zucker
80 g abgetropfte Aprikosenhälften
*   (aus der Dose)*
1 EL gehackte Pistazienkerne

ZUSÄTZLICH:
2 mikrowellengeeignete Tassen je 300 ml Inhalt,
Ø etwa 7 ½ cm, Höhe etwa 9 cm

1_ Eigelb mit Frischkäse und Vanillin-Zucker in einer Rührschüssel mit einem Schneebesen glatt rühren. Grieß mit Mehl, gesiebtem Backpulver und Zitronenschale mischen, hinzugeben und alles zu einem glatten Teig verrühren.

2_ Eiweiß cremig aufschlagen (nicht steif schlagen), Zucker dabei einrieseln lassen. Die Eiweißcreme mit einem Teigschaber unter die Frischkäse-Grieß-Masse ziehen. Aprikosenhälften in kleine Würfel schneiden und ebenfalls mit einem Teigschaber unter die Masse heben.

3_ Den Teig in den 2 Tassen verteilen und mit Pistazienkernen bestreuen. Die Tassen in die Mikrowelle stellen. Die Mug Cakes bei **600 Watt etwa 3 Minuten 40 Sekunden** oder bei **800 Watt etwa 2 Minuten 30 Sekunden** garen.

4_ Die Aprikosen-Frischkäse-Mug-Cakes sofort anrichten und servieren.

35 Minuten, ohne Abkühlzeit
🕐 **Backofen**
Backzeit: etwa 35 Minuten

8 Stück

🔲 E: 11 g, F: 40 g, Kh: 52 g,
kJ: 2603, kcal: 622, BE: 4,5

COFFEE MUG CAKES

ZUM VORBEREITEN:
100 g gehackte Mandeln
30 g Kaffeebohnen

FÜR DEN RÜHRTEIG:
200 g Butter oder Margarine (zimmerwarm)
170 g brauner Zucker
1 Pck. Dr. Oetker Vanillin-Zucker
Salz
4 Eier (Größe M)

250 g Weizenmehl
2 gestr. TL Dr. Oetker Backin
100 g Schlagsahne

50 g Zartbitter-Kuvertüre
8 Kaffeebohnen

ZUSÄTZLICH:
8 ofenfeste Becher/Tassen je 200 ml Inhalt,
  Ø 6–8 cm, Höhe etwa 8 cm

1_ Zum Vorbereiten die Mandeln in einer Pfanne ohne Fett unter Rühren goldbraun rösten, herausnehmen und auf einem Teller erkalten lassen. Kaffeebohnen im Zerkleinerer sehr fein hacken.

2_ Den Backofen vorheizen.
Ober-/Unterhitze: etwa 180 °C
Heißluft: etwa 160 °C

3_ Für den Teig Butter oder Margarine mit einem Mixer (Rührstäbe) auf höchster Stufe geschmeidig rühren. Nach und nach Zucker, Vanillin-Zucker und 1 Prise Salz unterrühren. So lange rühren, bis eine gebundene Masse entstanden ist. Eier nach und nach unterrühren (jedes Ei etwa ½ Minute).

4_ Mehl mit Backpulver mischen, abwechselnd in 2 Portionen mit der Sahne kurz auf mittlerer Stufe unterrühren. Vorbereitete Mandeln und Kaffeebohnen unterheben.

5_ Den Teig in die Becher/Tassen (gefettet, gemehlt) bis etwa 2 cm unter den Rand füllen und glatt streichen. Die Becher-/Tassenränder säubern. Das Backblech in den vorgeheizten Backofen (mittlere Schiene) schieben. Die Becher/Tassen auf das Backblech stellen. Die Mug Cakes **etwa 35 Minuten backen**.

6_ Die Becher/Tassen vom Backblech nehmen und auf einen Kuchenrost stellen. Die Mug Cakes vollständig erkalten lassen.

7_ Die Mug Cakes mit je einem Klecks geschmolzener Kuvertüre und je einer Kaffeebohne garnieren.

→ TIPPS:

Vor dem Backen evtl. einige Kaffeebohnen auf den Teig in die Tassen geben.
Für einen Guss 100 g Mokka-Schokolade in kleine Stücke brechen, mit 1 Teelöffel Speiseöl in einem kleinen Topf im Wasserbad bei schwacher Hitze unter Rühren schmelzen. Die Mug Cakes mit der Schokolade überziehen. Schokolade fest werden lassen.

SÜSSE POPOVERS

POPOVERS
KAFFEEPAUSE

Alle Zutaten sollen zimmerwarm sein!

ZUM VORBEREITEN:
200 g Sahne-Weichkaramell-Bonbons

FÜR DEN TEIG:
2 Eier (Größe M)
Salz
1 TL Zucker

3 TL lösliches Kaffeepulver
275 ml Milch (3,5 % Fett)
1 EL neutrales Speiseöl
140 g Weizenmehl
4–5 EL Schlagsahne

ZUSÄTZLICH:
1 Silikon-Muffinform für 12 Muffins
Speiseöl für die Form

1_ Zum Vorbereiten die Karamell-Bonbons auspacken und 6 Stück davon halbieren. Restliche Bonbons in Stücke schneiden und beiseitelegen.

2_ Den Backofen vorheizen.
Ober-/Unterhitze: etwa 220 °C
Heißluft: etwa 200 °C

3_ Die Muffinform mit Speiseöl bestreichen und auf dem Rost in den Backofen schieben.

4_ Für den Teig Eier, 2 Prisen Salz, Zucker, Kaffeepulver, Milch und Speiseöl in einen hohen Rührbecher geben und mit einem Schneebesen oder Pürierstab gut verrühren. Mehl in eine große Rührschüssel geben. Die Eier-Milch-Masse hinzugeben und mit einem Schneebesen schnell verrühren. Nur so lange rühren, bis die Masse fast klümpchenfrei ist. Den Teig wieder zurück in den Rührbecher füllen.

5_ Die heiße Muffinform aus dem Backofen nehmen. Den Teig aus dem Rührbecher gleichmäßig in den 12 Mulden verteilen. Je eine Bonbonhälfte auf den Teig in die Mulden legen.

6_ Die Form sofort wieder auf dem Rost in den vorgeheizten Backofen schieben. Popovers **etwa 5 Minuten backen,** dann die **Backofentemperatur auf Ober-/Unterhitze: etwa 180 °C, Heißluft: etwa 160 °C herunterschalten** und die Popovers in **weiteren etwa 20 Minuten fertig backen.** Wichtig: Den Backofen während der Backzeit nicht öffnen, da die Popovers sonst zusammenfallen.

7_ Die Form auf einen Kuchenrost stellen. Die Popovers etwa 5 Minuten in der Form stehen lassen, dann aus der Form nehmen und auf dem Kuchenrost erkalten lassen.

8_ Beiseitegelegte Bonbonstücke mit Sahne in einem Topf unter Rühren erwärmen, bis die Bonbonstücke geschmolzen sind.

9_ Die heiße Karamellsauce auf die Popovers träufeln und am besten lauwarm servieren.

→ TIPPS:
Da der Karamell klebrig ist, klappt es besser in einer Silikonform.
Achtung Sucht- und Bauchschmerzgefahr!

APRIKOSEN-POPOVERS

(Titelrezept)

Alle Zutaten sollen zimmerwarm sein!

ZUM VORBEREITEN:
50 g gehackte Mandeln
200 g frische Aprikosen oder Äpfel

FÜR DEN TEIG:
2 Eier (Größe M)
Salz
1 TL Zucker

275 ml Milch (3,5 % Fett)
1 EL neutrales Speiseöl
140 g Weizenmehl
½ TL gem. Zimt

2 EL Puderzucker

ZUSÄTZLICH:
1 beschichtete Muffinform für 12 Muffins
Speiseöl für die Form

1_ Zum Vorbereiten Mandeln in einer Pfanne ohne Fett unter Rühren hellbraun rösten, abkühlen lassen. Aprikosen abspülen, abtrocknen, entstielen, halbieren und entkernen. Die Aprikosenhälften jeweils in drei Stücke schneiden. Oder Äpfel schälen, halbieren, entstielen und entkernen. Apfelhälften in Stücke schneiden.

2_ Den Backofen vorheizen.
Ober-/Unterhitze: etwa 220 °C
Heißluft: etwa 200 °C

3_ Die Muffinform mit Speiseöl bestreichen und auf dem Rost in den Backofen schieben.

4_ Für den Teig Eier, 2 Prisen Salz, Zucker, Milch und Speiseöl in einen hohen Rührbecher geben und mit einem Schneebesen oder Pürierstab gut verrühren. Mehl und Zimt in eine große Rührschüssel geben, mit den Mandeln vermischen. Die Eier-Milch-Masse hinzugeben und mit einem Schneebesen schnell verrühren. Nur so lange rühren, bis die Masse fast klümpchenfrei ist. Den Teig wieder zurück in den Rührbecher füllen.

5_ Die heiße Muffinform aus dem Backofen nehmen. Den Teig aus dem Rührbecher gleichmäßig in den 12 Mulden verteilen. Je 2–3 Aprikosen- oder Apfelstücke in die Mulden der Form geben. Die Form sofort wieder auf dem Rost in den vorgeheizten Backofen schieben. Popovers **etwa 10 Minuten backen**, dann die **Backofentemperatur auf Ober-/Unterhitze: etwa 180 °C, Heißluft: etwa 160 °C herunterschalten** und die Popovers in **weiteren etwa 15 Minuten fertig backen**.
Wichtig: Den Backofen während der Backzeit nicht öffnen, da die Popovers sonst zusammenfallen.

6_ Die Form auf einen Kuchenrost stellen. Die Popovers etwa 5 Minuten in der Form stehen lassen, dann aus der Form nehmen und abkühlen lassen. Aprikosen-Popovers lauwarm oder kalt mit Puderzucker bestäubt servieren.

⏱ 15 Minuten, ohne Abkühlzeit
Backzeit: etwa 25 Minuten

12 Stück

▨ E: 3 g, F: 7 g, Kh: 16 g,
kJ: 615, kcal: 147, BE: 1,5

SCHOKO-AMARENA-KIRSCH-POPOVERS

(Titelrezept)

Alle Zutaten sollen zimmerwarm sein!

*100 g gut abgetropfte Amarena-Kirschen
(aus dem Glas)*

FÜR DEN TEIG:
2 Eier (Größe M)
Salz
½ TL Zucker
275 ml Milch (3,5 % Fett)

1 EL neutrales Speiseöl
125 g Weizenmehl
3 EL (15 g) gesiebtes Kakaopulver

100 g Kuchenglasur dunkel

ZUSÄTZLICH:
1 Silikon-Muffinform für 12 Muffins
Speiseöl für die Form

1_ Von den Amarena-Kirschen 12 Kirschen beiseitelegen, restliche Kirschen halbieren.

2_ Den Backofen vorheizen.
Ober-/Unterhitze: etwa 220 °C
Heißluft: etwa 200 °C

3_ Die Muffinform mit Speiseöl bestreichen und auf dem Rost in den Backofen schieben.

4_ Für den Teig Eier, 2 Prisen Salz, Zucker, Milch und Speiseöl in einen hohen Rührbecher geben und mit einem Schneebesen oder Pürierstab gut verrühren. Mehl und Kakao in einer großen Rührschüssel vermischen. Die Eier-Milch-Masse hinzugeben und mit einem Schneebesen schnell verrühren. Nur so lange rühren, bis die Masse fast klümpchenfrei ist. Den Teig wieder zurück in den Rührbecher füllen.

5_ Die heiße Muffinform aus dem Backofen nehmen. Den Teig aus dem Rührbecher gleichmäßig in die 12 Mulden gießen. Die halbierten Amarena-Kirschen auf dem Teig in den Mulden verteilen.

6_ Die Form sofort wieder auf dem Rost in den vorgeheizten Backofen schieben. Popovers **etwa 10 Minuten backen**, dann die **Backofentemperatur auf Ober-/Unterhitze: etwa 180 °C, Heißluft: etwa 160 °C herunterschalten** und die Popovers in **weiteren etwa 15 Minuten fertig backen**.
Wichtig: Den Backofen während der Backzeit nicht öffnen, da die Popovers sonst zusammenfallen.

7_ Die Form auf einen Kuchenrost stellen. Die Popovers sofort aus der Form nehmen und auf dem Kuchenrost erkalten lassen.

8_ Kuchenglasur nach Packungsanleitung schmelzen und direkt aus der Packung auf die erkalteten Popovers träufeln. Mit je einer beiseitegelegten Amarena-Kirsche garnieren. Glasur trocknen lassen.

BLAUBEER-POPOVERS

*Alle Zutaten für den Teig sollen
zimmerwarm sein!*

ZUM VORBEREITEN:
100 g frische Blaubeeren (Heidelbeeren)

FÜR DEN TEIG:
2 Eier (Größe M)
Salz
4 EL flüssiger Honig

275 ml Milch (3,5 % Fett)
1 EL neutrales Speiseöl
140 g Weizenmehl

200 g griechischer Joghurt (10 % Fett)

ZUSÄTZLICH:
1 Silikon-Muffinform für 12 Muffins
Speiseöl für die Form

1_ Zum Vorbereiten Blaubeeren verlesen, abspülen und trocken tupfen.

2_ Den Backofen vorheizen.
Ober-/Unterhitze: etwa 220 °C
Heißluft: etwa 200 °C

3_ Die Muffinform mit Speiseöl bestreichen und auf dem Rost in den Backofen schieben.

4_ Für den Teig Eier, 2 Prisen Salz, 1 Esslöffel Honig, Milch und Speiseöl in einen hohen Rührbecher geben und mit einem Schneebesen oder Pürierstab gut verrühren. Mehl in eine große Rührschüssel geben. Die Eier-Milch-Masse hinzugeben und mit einem Schneebesen schnell verrühren. Nur so lange rühren, bis die Masse fast klümpchenfrei ist. Den Teig wieder zurück in den Rührbecher füllen.

5_ Die heiße Muffinform aus dem Backofen nehmen. Den Teig aus dem Rührbecher gleichmäßig in den 12 Mulden verteilen. Die Blaubeeren auf den Teig in die Mulden der Form geben.

6_ Die Form sofort wieder auf dem Rost in den vorgeheizten Backofen schieben. Popovers **etwa 5 Minuten backen**, dann die **Backofentemperatur auf Ober-/Unterhitze: etwa 180 °C, Heißluft: etwa 160 °C herunterschalten** und die Popovers in **weiteren etwa 20 Minuten fertig backen.**
Wichtig: Den Backofen während der Backzeit nicht öffnen, da die Popovers sonst zusammenfallen.

7_ Die Form auf einen Kuchenrost stellen. Die Popovers etwa 2 Minuten in der Form stehen lassen, dann aus der Form nehmen und auf dem Kuchenrost lauwarm abkühlen lassen.

8_ Den Joghurt mit 1 Esslöffel von dem restlichen Honig verrühren. Die lauwarmen Popovers kurz vor dem Servieren mit dem restlichen Honig beträufeln. Den Joghurt dazureichen.

ERDNUSS-POPOVERS

Alle Zutaten sollen zimmerwarm sein!

FÜR DEN TEIG:
2 Eier (Größe M)
Salz
1 TL Zucker
275 ml Milch (3,5 % Fett)
1 EL neutrales Speiseöl

140 g Weizenmehl
60 g geröstete, gesalzene
Erdnusskerne
80 g Erdnussbutter

ZUSÄTZLICH:
1 beschichtete Muffinform für 12 Muffins
Speiseöl für die Form

1_ Den Backofen vorheizen.
Ober-/Unterhitze: etwa 220 °C
Heißluft: etwa 200 °C

2_ Die Muffinform mit Speiseöl bestreichen und
auf dem Rost in den Backofen schieben.

3_ Für den Teig Eier, 2 Prisen Salz, Zucker, Milch und
Speiseöl in einen hohen Rührbecher geben und
mit einem Schneebesen oder Pürierstab gut ver-
rühren. Mehl in eine große Rührschüssel geben.
Die Eier-Milch-Masse hinzugeben und mit einem
Schneebesen schnell verrühren. Nur so lange
rühren, bis die Masse fast klümpchenfrei ist. Den
Teig wieder zurück in den Rührbecher füllen.

4_ Die heiße Muffinform aus dem Backofen nehmen.
Zuerst die Erdnusskerne, dann den Teig aus dem
Rührbecher in den 12 Mulden verteilen. Je einen
halben Teelöffel der Erdnussbutter in die Mulden
der Form geben.

5_ Die Form sofort wieder auf dem Rost in den
vorgeheizten Backofen schieben. Popovers
etwa 10 Minuten backen, dann die **Backofentemperatur auf Ober-/Unterhitze: etwa 180 °C,
Heißluft: etwa 160 °C herunterschalten** und die
Popovers in weiteren **etwa 15 Minuten fertig
backen.**
Wichtig: Den Backofen während der Backzeit
nicht öffnen, da die Popovers sonst zusammenfallen.

6_ Die Form auf einen Kuchenrost stellen. Die
Popovers etwa 2 Minuten in der Form stehen
lassen, dann aus der Form nehmen und auf dem
Kuchenrost etwas abkühlen lassen. Popovers
lauwarm servieren.

→ TIPP:

Wer die Erdnuss-Popovers lieber etwas süßer
genießen möchte, kann sie noch mit Puderzucker
bestäuben.

BIRNENMÜSLI-
POPOVERS

*Alle Zutaten sollen
zimmerwarm sein!*

ZUM VORBEREITEN:
*1 kleine, reife Birne
(etwa 200 g)
140 g Weizenmehl*

FÜR DEN TEIG:
*25 g Butter
2 Eier (Größe M)
Salz
1 TL Zucker
275 ml Milch (3,5 % Fett)
½ TL gem. Zimt
50 g kernige Haferflocken*

ZUM BESTREUEN:
*50 g Zucker
¼ TL gem. Zimt*

ZUSÄTZLICH:
*1 beschichtete Muffinform
für 12 Muffins
Speiseöl für die Form*

1_ Zum Vorbereiten Birne schälen, vierteln und entkernen. Birnenviertel in etwa 2 cm große Stücke
schneiden und mit einem Esslöffel von dem Mehl
bestäuben.

2_ Den Backofen vorheizen.
Ober-/Unterhitze: etwa 220 °C
Heißluft: etwa 200 °C

3_ Die Muffinform mit Speiseöl bestreichen und
auf dem Rost in den Backofen schieben.

4_ Für den Teig Butter bei schwacher Hitze
zerlassen. Eier, 2 Prisen Salz, Zucker, Milch und
1 Esslöffel der zerlassenen Butter in einen hohen
Rührbecher geben und mit einem Schneebesen oder Pürierstab gut verrühren. Restliches
Mehl mit Zimt und Haferflocken in eine große Rührschüssel geben und vermischen. Die
Eier-Milch-Masse hinzugeben und mit einem
Schneebesen schnell verrühren. Nur so lange
rühren, bis die Masse fast klümpchenfrei ist. Den
Teig wieder zurück in den Rührbecher füllen.

5_ Die heiße Muffinform aus dem Backofen nehmen.
Zuerst die Birnenstücke in den 12 Mulden der
Form verteilen, dann den Teig aus dem Rühr-
becher gleichmäßig darauf verstreichen.

6_ Die Form sofort wieder auf dem Rost in den
vorgeheizten Backofen schieben. Popovers
etwa 10 Minuten backen, dann die **Backofentemperatur auf Ober-/Unterhitze: etwa 180 °C,
Heißluft: etwa 160 °C herunterschalten** und die
Popovers in **weiteren etwa 15 Minuten fertig
backen.**
Wichtig: Den Backofen während der Backzeit
nicht öffnen, da die Popovers sonst zusammenfallen.

7_ Die Form auf einen Kuchenrost stellen. Die
Popovers etwa 2 Minuten in der Form stehen
lassen, dann aus der Form nehmen und auf
den Kuchenrost legen.

8_ Zum Bestreuen Zucker mit Zimt vermischen.
Die warmen Popovers mit der restlichen
zerlassenen Butter bestreichen und mit
Zimt-Zucker bestreuen.

NOUGAT-POPOVERS

Alle Zutaten sollen zimmerwarm sein!

ZUM VORBEREITEN:
100 g Nuss-Nougat

FÜR DEN TEIG:
2 Eier (Größe M)
½ gestr. TL Salz
1 TL Zucker
275 ml Milch (3,5 % Fett)

1 EL neutrales Speiseöl
140 g Weizenmehl
1 TL gesiebtes Kakaopulver
100 g Kuchenglasur hell oder dunkel
2 EL Haselnusskrokant

ZUSÄTZLICH:
1 Silikon-Muffinform für 12 Muffins
Speiseöl für die Form

1_ Zum Vorbereiten Nuss-Nougat in 12 gleich große Stücke schneiden.

2_ Den Backofen vorheizen.
Ober-/Unterhitze: etwa 220 °C
Heißluft: etwa 200 °C

3_ Die Muffinform mit Speiseöl bestreichen und auf dem Rost in den Backofen schieben.

4_ Für den Teig Eier, Salz, Zucker, Milch und Speiseöl in einen hohen Rührbecher geben und mit einem Schneebesen oder Pürierstab gut verrühren. Mehl und Kakao in einer großen Rührschüssel vermischen. Die Eier-Milch-Masse hinzugeben und mit einem Schneebesen schnell verrühren. Nur so lange rühren, bis die Masse fast klümpchenfrei ist. Den Teig wieder zurück in den Rührbecher füllen.

5_ Die heiße Muffinform aus dem Backofen nehmen. Den Teig aus dem Rührbecher gleichmäßig in den 12 Mulden verteilen. Je ein Stück Nuss-Nougat in die Mulden der Form geben.

6_ Die Form sofort wieder auf dem Rost in den vorgeheizten Backofen schieben. Popovers **etwa 10 Minuten backen**, dann die **Backofen-temperatur auf Ober-/Unterhitze: etwa 180 °C, Heißluft: etwa 160 °C herunterschalten** und die Popovers in **weiteren etwa 15 Minuten fertig backen**.
Wichtig: Den Backofen während der Backzeit nicht öffnen, da die Popovers sonst zusammenfallen.

7_ Die Form auf einen Kuchenrost stellen. Die Popovers etwa 5 Minuten in der Form stehen lassen, dann aus der Form nehmen und auf dem Kuchenrost erkalten lassen.

8_ Die Kuchenglasur nach Packungsanleitung schmelzen und direkt aus der Packung auf die Popovers träufeln und mit Haselnusskrokant bestreuen. Glasur trocknen lassen.

→ TIPP:
Die Nougat-Popovers schmecken auch noch am nächsten Tag lecker.

QUARK-POPOVERS

*Alle Zutaten (für den Teig) sollen
zimmerwarm sein!*

FÜR DEN TEIG:
*2 Eier (Größe M)
Salz
1 TL Zucker
275 ml Milch (3,5 % Fett)
1 EL neutrales Speiseöl
140 g Dinkelmehl (Type 630)*

FÜR DIE QUARKFÜLLUNG:
*250 ml kalte Schlagsahne (mind. 30 % Fett)
250 g kalter Magerquark (1,5 % Fett i. Tr.)
2 EL Zucker
3 EL Hagebuttenmark oder Erdbeerkonfitüre
2 EL Puderzucker*

ZUSÄTZLICH:
*1 beschichtete Muffinform für 12 Muffins
Speiseöl für die Form*

1_ Den Backofen vorheizen.
Ober-/Unterhitze: etwa 220 °C
Heißluft: etwa 200 °C

2_ Die Muffinform mit Speiseöl bestreichen und
auf dem Rost in den Backofen schieben.

3_ Für den Teig Eier, 2 Prisen Salz, Zucker, Milch
und Speiseöl in einen hohen Rührbecher geben
und mit einem Schneebesen oder Pürierstab
gut verrühren. Mehl in eine große Rührschüssel
geben. Die Eier-Milch-Masse hinzugeben und mit
einem Schneebesen schnell verrühren. Nur so
lange rühren, bis die Masse fast klümpchenfrei ist.
Den Teig wieder zurück in den Rührbecher füllen.

4_ Die heiße Muffinform aus dem Backofen nehmen.
Den Teig aus dem Rührbecher gleichmäßig in den
12 Mulden verteilen.

5_ Die Form sofort wieder auf dem Rost in den
vorgeheizten Backofen schieben. Popovers
etwa 10 Minuten backen, dann die **Backofentemperatur auf Ober-/Unterhitze: etwa 180 °C,
Heißluft: etwa 160 °C herunterschalten** und die
Popovers in **weiteren etwa 15 Minuten fertig
backen.**

Wichtig: Den Backofen während der Backzeit
nicht öffnen, da die Popovers sonst zusammenfallen.

6_ Die Form auf einen Kuchenrost stellen. Die Popovers etwa 2 Minuten in der Form stehen lassen,
dann aus der Form nehmen und sofort von jedem
Popover mit einem scharfen Messer einen Deckel
abschneiden. Popovers auf dem Kuchenrost
erkalten lassen.

7_ Für die Füllung Sahne steif schlagen. Quark mit
Zucker glatt rühren und die Sahne unterheben.
Dann Hagebuttenmark oder Konfitüre hinzugeben
und mit einem Esslöffel unter die Creme ziehen,
sodass eine Marmorierung entsteht.

8_ Popovers mit je einem Esslöffel der Quarksahne
füllen und die Deckel wieder auflegen. Popovers
mit Puderzucker bestäuben und sofort servieren.

USA-POPOVERS

Alle Zutaten sollen zimmerwarm sein!

ZUM VORBEREITEN:
12 Marshmallows, bunt oder weiß

FÜR DEN TEIG:
2 Eier (Größe M)
Salz
½ TL Zucker
275 ml Milch (3,5 % Fett)
1 EL neutrales Speiseöl
140 g Weizenmehl

ZUSÄTZLICH:
1 Silikon-Muffinform für 12 Muffins
Speiseöl für die Form

1_ Zum Vorbereiten Marshmallows mit eine Schere halbieren.

2_ Den Backofen vorheizen.
Ober-/Unterhitze: etwa 220 °C
Heißluft: etwa 200 °C

3_ Die Muffinform mit Speiseöl bestreichen und auf dem Rost in den Backofen schieben.

4_ Für den Teig Eier, 2 Prisen Salz, Zucker, Milch und Speiseöl in einen hohen Rührbecher geben und mit einem Schneebesen oder Pürierstab gut verrühren. Mehl in eine große Rührschüssel geben. Die Eier-Milch-Masse hinzugeben und mit einem Schneebesen schnell verrühren. Nur so lange rühren, bis die Masse fast klümpchenfrei ist. Den Teig wieder zurück in den Rührbecher füllen.

5_ Die heiße Muffinform aus dem Backofen nehmen. Den Teig aus dem Rührbecher gleichmäßig in den 12 Mulden verteilen. Je eine Marshmallowhälfte auf den Teig in die Mulden legen und eindrücken.

6_ Die Form sofort wieder auf dem Rost in den vorgeheizten Backofen schieben. Popovers **etwa 5 Minuten backen**, dann die **Backofentemperatur auf Ober-/Unterhitze: etwa 180 °C, Heißluft: etwa 160 °C herunterschalten** und die Popovers in **weiteren etwa 18 Minuten fertig backen**.
Wichtig: Den Backofen während der Backzeit nicht öffnen, da die Popovers sonst zusammenfallen.

7_ Nach der Backzeit auf jeden Popover eine Marshmallowhälfte legen und die Form so lange im ausgeschalteten, heißen Backofen stehen lassen, bis die Marshmallows anfangen zu schmelzen.

8_ Die Form auf einen Kuchenrost stellen. Die Popovers sofort aus der Form nehmen und auf dem Kuchenrost abkühlen lassen.

HASELNUSS-POPOVERS
MIT ZWETSCHENMUS

Alle Zutaten sollen zimmerwarm sein!

ZUM VORBEREITEN:
100 g Haselnusskerne

FÜR DEN TEIG:
2 Eier (Größe M)
Salz
1 TL Zucker
½ TL gem. Kardamom

275 ml Milch (3,5 % Fett)
1 EL neutrales Speiseöl
140 g Weizenmehl

120 g Zwetschenmus
(Pflaumenmus, aus dem Glas)

ZUSÄTZLICH:
1 Silikon-Muffinform für 12 Muffins
Speiseöl für die Form

1_ Zum Vorbereiten Haselnusskerne sehr grob hacken, evtl. in einer Pfanne ohne Fett kurz anrösten und auf einem Teller abkühlen lassen.

2_ Den Backofen vorheizen.
Ober-/Unterhitze: etwa 220 °C
Heißluft: etwa 200 °C

3_ Die Muffinform mit Speiseöl bestreichen. Die vorbereiteten Haselnusskerne in den 12 Mulden verteilen. Etwa 5 Minuten, bevor der Teig fertig ist, die Form auf dem Rost in den vorgeheizten Backofen schieben.

4_ Für den Teig Eier, 2 Prisen Salz, Zucker, Kardamom, Milch und Speiseöl in einen hohen Rührbecher geben und mit einem Schneebesen oder Pürierstab gut verrühren. Mehl in eine große Rührschüssel geben. Die Eier-Milch-Masse hinzugeben und mit einem Schneebesen schnell verrühren. Nur so lange rühren, bis die Masse fast klümpchenfrei ist. Den Teig wieder zurück in den Rührbecher füllen.

5_ Die heiße Muffinform aus dem Backofen nehmen. Den Teig aus dem Rührbecher gleichmäßig in den 12 Mulden auf den Haselnusskernen verteilen.

6_ Die Form sofort wieder auf dem Rost in den vorgeheizten Backofen schieben. Popovers **etwa 10 Minuten backen**, dann die **Backofentemperatur auf Ober-/Unterhitze: etwa 180 °C, Heißluft: etwa 160 °C herunterschalten** und die Popovers in **weiteren etwa 15 Minuten fertig backen**.
Wichtig: Den Backofen während der Backzeit nicht öffnen, da die Popovers sonst zusammenfallen.

7_ Die Form auf einen Kuchenrost stellen. Die Popovers sofort aus der Form nehmen und auf dem Kuchenrost abkühlen lassen.

8_ Die Haselnuss-Popovers lauwarm oder kalt mit dem Zwetschenmus servieren.

FLIEGENPILZ-
POPOVERS

Alle Zutaten sollen zimmerwarm sein!

ZUM VORBEREITEN:
1 kleine Bio-Zitrone (unbehandelt, ungewachst)

FÜR DEN TEIG:
2 Eier (Größe M)
½ gestr. TL Salz
1 TL Zucker
275 ml Milch (3,5 % Fett)
1 EL neutrales Speiseöl

120 g Weizenmehl
40 g abgezogene, gem. Mandeln

FÜR DEN GUSS:
180 g Puderzucker
Zitronensaft (von der Bio-Zitrone)
rote Speisefarbenpaste

ZUSÄTZLICH:
1 Silikon-Muffinform für 12 Muffins
Speiseöl für die Form

1_ Zum Vorbereiten Zitrone heiß abwaschen, abtrocknen und die Hälfte der Schale fein abreiben. Zitrone halbieren, den Saft auspressen und für den Guss beiseitestellen.

2_ Den Backofen vorheizen.
Ober-/Unterhitze: etwa 220 °C
Heißluft: etwa 200 °C

3_ Die Muffinform mit Speiseöl bestreichen und auf dem Rost in den Backofen schieben.

4_ Für den Teig Eier, Salz, Zucker, Milch, Speiseöl und Zitronenschale in einen hohen Rührbecher geben und mit einem Schneebesen oder Pürierstab gut verrühren. Mehl in eine große Rührschüssel geben und mit den Mandeln vermischen. Die Eier-Milch-Masse hinzugeben und mit einem Schneebesen schnell verrühren. Nur so lange rühren, bis die Masse fast klümpchenfrei ist. Den Teig wieder zurück in den Rührbecher füllen.

5_ Die heiße Muffinform aus dem Backofen nehmen. Den Teig aus dem Rührbecher gleichmäßig in den 12 Mulden verteilen. Die Form sofort wieder auf dem Rost in den vorgeheizten Backofen schieben. Popovers **etwa 10 Minuten backen**, dann die **Backofentemperatur auf Ober-/Unterhitze: etwa 180 °C, Heißluft: etwa 160 °C herunterschalten** und die Popovers in **weiteren etwa 15 Minuten fertig backen**.
Wichtig: Backofen während der Backzeit nicht öffnen, da Popovers sonst zusammenfallen.

6_ Die Form auf einen Kuchenrost stellen. Die Popovers etwa 2 Minuten in der Form stehen lassen, dann aus der Form nehmen und auf dem Kuchenrost erkalten lassen.

7_ Für den Guss Puderzucker mit etwa 4 Esslöffeln Zitronensaft zu einem dickflüssigen Guss verrühren. 2 Esslöffel davon in einen kleinen Spritzbeutel mit kleiner Lochtülle (Ø 2 mm) oder in einen kleinen Gefrierbeutel füllen und eine kleine Ecke abschneiden. Restlichen Guss mit roter Speisefarbenpaste einfärben.

8_ Die Popover auf der oberen (schöneren) Seite mit dem roten Guss bestreichen und etwas antrocknen lassen. Dann mit dem weißen Guss Punkte in Form eines Fliegenpilzes daraufspritzen. Guss trocknen lassen.

POPOVERS
HEISS MIT EIS

Alle Zutaten für den Teig sollen zimmerwarm sein!

FÜR DEN TEIG:
2 Eier (Größe M)
Salz
1 Pck. Dr. Oetker Bourbon-Vanille-Zucker
275 ml Milch (3,5 % Fett)
1 EL neutrales Speiseöl
160 g Weizenmehl
100 g verlesene, frische Himbeeren
2 EL Puderzucker

ZUM SERVIEREN:
12 Kugeln Vanilleeis

ZUSÄTZLICH:
1 Silikon-Muffinform für 12 Muffins
Speiseöl für die Form

1_ Den Backofen vorheizen.
Ober-/Unterhitze: etwa 220 °C
Heißluft: etwa 200 °C

2_ Die Muffinform mit Speiseöl bestreichen und auf dem Rost in den Backofen schieben.

3_ Für den Teig Eier, 2 Prisen Salz, Vanille-Zucker, Milch und Speiseöl in einen hohen Rührbecher geben und mit einem Schneebesen oder Pürierstab gut verrühren. Mehl in eine große Rührschüssel geben. Die Eier-Milch-Masse hinzugeben und mit einem Schneebesen schnell verrühren. Nur so lange rühren, bis die Masse fast klümpchenfrei ist. Den Teig wieder zurück in den Rührbecher füllen.

4_ Die heiße Muffinform aus dem Backofen nehmen. Den Teig aus dem Rührbecher gleichmäßig in den 12 Mulden verstreichen. Die Himbeeren auf dem Teig in den Mulden verteilen.

5_ Die Form sofort wieder auf dem Rost in den vorgeheizten Backofen schieben. Popovers **etwa 10 Minuten backen**, dann di**e Backofentemperatur auf Ober-/Unterhitze: etwa 180 °C, Heißluft: etwa 160 °C herunterschalten** und die Popovers in **weiteren etwa 15 Minuten fertig backen**.
Wichtig: Den Backofen während der Backzeit nicht öffnen, da die Popovers sonst zusammenfallen.

6_ Die Form auf einen Kuchenrost stellen. Die Popovers sofort aus der Form nehmen, auf den Kuchenrost legen und mit Puderzucker bestäuben. Popovers noch heiß mit je einer Kugel Vanilleeis servieren.

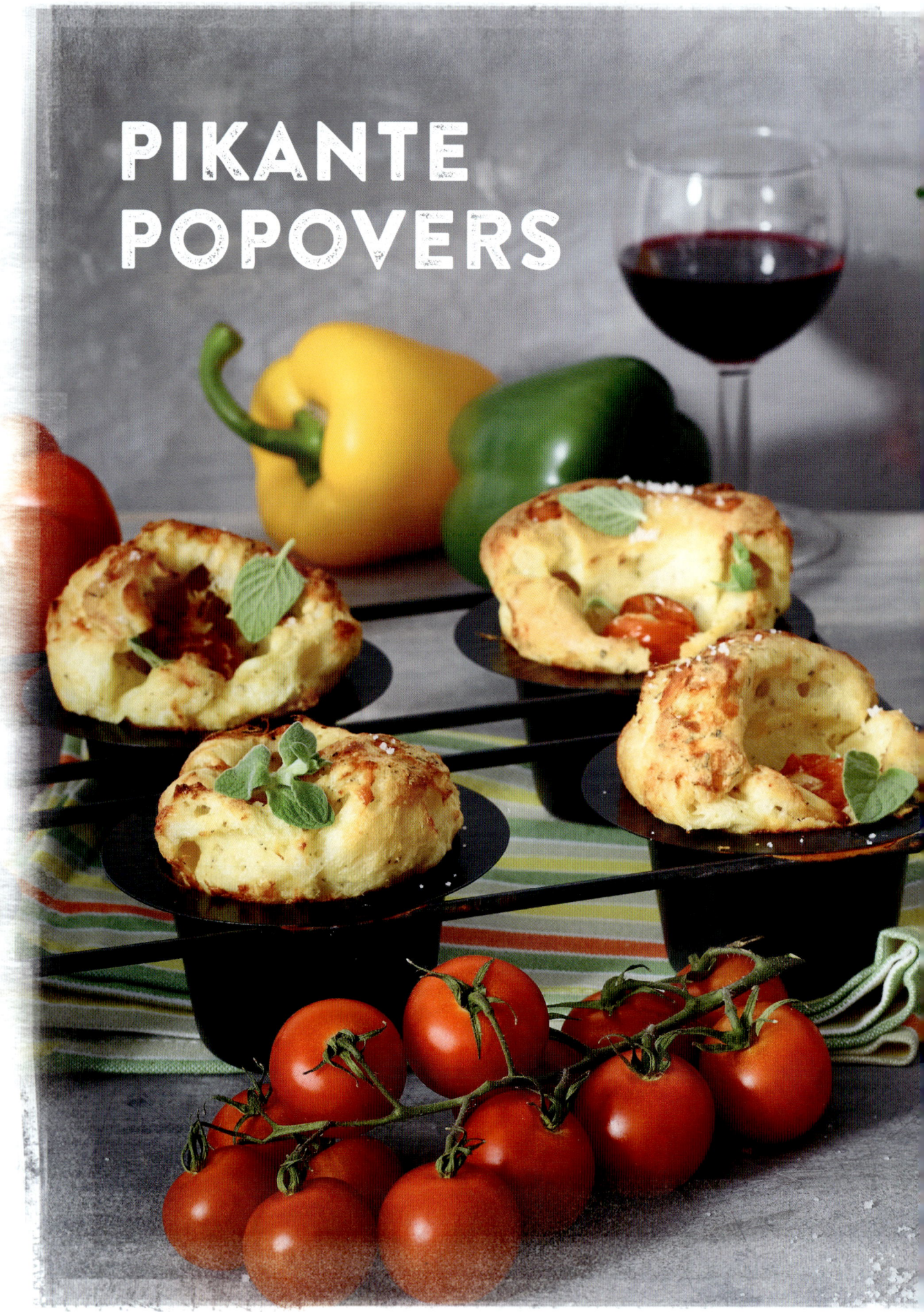

PIKANTE POPOVERS

GRÜNE POPOVERS
MIT PESTO

Alle Zutaten sollen zimmerwarm sein!

ZUM VORBEREITEN:
12 Cocktailtomaten

FÜR DEN TEIG:
60 g Pesto, kräftig grün (aus dem Glas)
2 Eier (Größe M)

Salz
gem. Pfeffer
275 ml Milch (3,5 % Fett)
140 g Weizenmehl

ZUSÄTZLICH:
1 beschichtete Muffinform für 12 Muffins
Olivenöl für die Form

1_ Zum Vorbereiten Cocktailtomaten abspülen, trocken tupfen und die Stängelansätze herausschneiden.

2_ Den Backofen vorheizen.
Ober-/Unterhitze: etwa 220 °C
Heißluft: etwa 200 °C

3_ Die Muffinform mit Olivenöl bestreichen und auf dem Rost in den Backofen schieben.

4_ Für den Teig Pesto, Eier, 1 Prise Salz, 2 Prisen Pfeffer und Milch in einen hohen Rührbecher geben und mit einem Schneebesen oder Pürierstab gut verrühren. Mehl in eine große Rührschüssel geben. Die Eier-Milch-Masse hinzugeben und mit einem Schneebesen schnell verrühren. Nur so lange rühren, bis die Masse fast klümpchenfrei ist. Den Teig wieder zurück in den Rührbecher füllen.

5_ Die heiße Muffinform aus dem Backofen nehmen. Je eine vorbereitete Cocktailtomate in die Mulden der Form legen. Den Teig aus dem Rührbecher gleichmäßig darauf verteilen. Die Form sofort wieder auf dem Rost in den vorgeheizten Backofen schieben. Popovers **etwa 10 Minuten backen**, dann die **Backofentemperatur auf Ober-/Unterhitze: etwa 180 °C, Heißluft: etwa 160 °C herunterschalten** und die Popovers in **weiteren etwa 15 Minuten fertig backen.**
Wichtig: Den Backofen während des Backens nicht öffnen, da die Popovers sonst zusammenfallen.

6_ Die Form auf einen Kuchenrost stellen. Die Popovers etwa 2 Minuten in der Form abkühlen lassen, dann aus der Form nehmen und am besten lauwarm evtl. mit etwas zusätzlichem Pesto servieren.

FETA-POPOVERS

*Alle Zutaten sollen
zimmerwarm sein!*

ZUM VORBEREITEN:
*3 Stängel Rosmarin
100 g Fetakäse*

FÜR DEN TEIG:
*1 EL Speiseöl
Salz
gem. Pfeffer
2 Eier (Größe M)
275 ml Milch (3,5 % Fett)
140 g Weizenmehl*

ZUSÄTZLICH:
*1 beschichtete Muffinform
für 12 Muffins
Speiseöl für die Form*

1_ Zum Vorbereiten Rosmarin abspülen und trocken tupfen. Die Nadeln von den Stängeln zupfen, Nadeln klein schneiden. Fetakäse grob zerbröseln und mit Rosmarin vermischen.

2_ Den Backofen vorheizen.
Ober-/Unterhitze: etwa 220 °C
Heißluft: etwa 200 °C

3_ Die Muffinform mit Speiseöl bestreichen und auf dem Rost in den Backofen schieben.

4_ Für den Teig Speiseöl mit je 1 Prise Salz, Pfeffer, Eiern und Milch in einen hohen Rührbecher geben und mit einem Schneebesen oder Pürierstab gut verrühren. Mehl in eine große Rührschüssel geben. Die Feta-Rosmarin-Mischung zum Mehl geben und untermischen. Die Eier-Milch-Masse hinzugeben und mit einem Schneebesen schnell verrühren. Nur so lange rühren, bis die Masse fast klümpchenfrei ist. Den Teig wieder zurück in den Rührbecher füllen.

5_ Die heiße Muffinform aus dem Backofen nehmen. Den Teig aus dem Rührbecher gleichmäßig in den 12 Mulden verteilen und die Form sofort wieder auf dem Rost in den vorgeheizten Backofen schieben. Popovers **etwa 10 Minuten backen,** dann die **Backofentemperatur auf Ober-/Unterhitze: etwa 180 °C, Heißluft: etwa 160 °C herunterschalten** und die Popovers in **weiteren etwa 15 Minuten fertig backen.**
Wichtig: Den Backofen während der Backzeit nicht öffnen, da die Popovers sonst zusammenfallen.

6_ Die Form auf einen Kuchenrost stellen. Die Popovers etwa 2 Minuten in der Form abkühlen lassen, dann aus der Form nehmen und am besten lauwarm servieren.

HUMMUS-POPOVER

Alle Zutaten sollen zimmerwarm sein!

40 g Sesamsamen

FÜR DEN TEIG:
2 Eier (Größe M)
½ gestr. TL Salz
½ TL Chiliflocken
275 ml Milch (3,5 % Fett)
150 g Hummus
140 g Weizenmehl

ZUSÄTZLICH:
1 beschichtete Muffinform
für 12 Muffins
Olivenöl für die Form

1_ Den Backofen vorheizen.
Ober-/Unterhitze: etwa 220 °C
Heißluft: etwa 200 °C

2_ Die Muffinform mit Olivenöl bestreichen. Anschließend jeweils ½ Teelöffel Sesamsamen in die 12 Mulden der Form geben und auf dem Rost in den Backofen schieben.

3_ Für den Teig Eier, Salz, Chili, Milch und einen Esslöffel Hummus in einen Rührbecher geben und mit einem Schneebesen oder Pürierstab gut verrühren. Mehl in eine große Rührschüssel geben, restlichen Sesamsamen untermischen. Die Eier-Milch-Masse hinzugeben und mit einem Schneebesen schnell verrühren. Nur so lange rühren, bis die Masse fast klümpchenfrei ist.

4_ Die heiße Muffinform aus dem Backofen nehmen. Den Teig aus dem Rührbecher gleichmäßig in den 12 Mulden verteilen. Auf den Teig jeder Mulde ½ Teelöffel Hummus geben. Die Form sofort wieder auf dem Rost in den vorgeheizten Backofen schieben. Popovers **etwa 10 Minuten backen**, dann die **Backofentemperatur auf Ober-/ Unterhitze: etwa 180 °C, Heißluft: etwa 160 °C herunterschalten** und die Popovers in **weiteren etwa 15 Minuten fertig backen**.
Wichtig: Den Backofen während der Backzeit nicht öffnen, da die Popovers sonst zusammenfallen.

5_ Die Form auf einen Kuchenrost stellen. Die Popovers etwa 2 Minuten in der Form abkühlen lassen, dann aus der Form nehmen.

6_ Die Popovers lauwarm mit dem restlichen Hummus als Dip servieren.

FRÜHSTÜCKS-
POPOVERS

*Alle Zutaten sollen
zimmerwarm sein!*

ZUM VORBEREITEN:
*2 Frühlingszwiebeln
100 g gewürfelter Speck
(aus dem Kühlregal)*

FÜR DEN TEIG:
*2 Eier (Größe M)
Salz
gem. Pfeffer
275 ml Milch (3,5 % Fett)
140 g Weizenmehl*

ZUSÄTZLICH:
*1 beschichtete Muffinform
für 12 Muffins
Olivenöl für die Form*

1_ Zum Vorbereiten Frühlingszwiebeln putzen, abspülen, trocken tupfen und mit dem Grün in etwa 4 mm dicke Scheiben schneiden. Speckwürfel in einer erhitzten Pfanne anbraten, Frühlingszwiebelscheiben hinzugeben und unter Rühren kurz mit andünsten.

2_ Den Backofen vorheizen.
Ober-/Unterhitze: etwa 220 °C
Heißluft: etwa 200 °C

3_ Die Muffinform mit Olivenöl bestreichen und auf dem Rost in den Backofen schieben.

4_ Für den Teig Eier, 1 Prise Salz, 2 Prisen Pfeffer und Milch in einen hohen Rührbecher geben und mit einem Schneebesen oder Pürierstab gut verrühren. Mehl in eine große Rührschüssel geben. Die Eier-Milch-Masse hinzugeben und mit einem Schneebesen schnell verrühren. Nur so lange rühren, bis die Masse fast klümpchenfrei ist. Die Speck-Frühlingszwiebel-Masse unterrühren. Den Teig wieder zurück in den Rührbecher füllen.

5_ Die heiße Muffinform aus dem Backofen nehmen. Den Teig gleichmäßig in den 12 Mulden verteilen und die Form sofort wieder auf dem Rost in den vorgeheizten Backofen schieben. Popovers **etwa 10 Minuten backen**, dann die **Backofentemperatur auf Ober-/Unterhitze: etwa 180 °C, Heißluft: etwa 160 °C herunterschalten** und die Popovers in **weiteren etwa 15 Minuten fertig backen**.
Wichtig: Den Backofen während der Backzeit nicht öffnen, da die Popovers sonst zusammenfallen.

6_ Die Form auf einen Kuchenrost stellen. Die Popovers etwa 2 Minuten in der Form abkühlen lassen, dann aus der Form nehmen und am besten heiß servieren.

→ TIPP:
Servieren Sie Tomatenketchup oder Asiasauce scharf & süß dazu. Servieren Sie zu den Frühstücks-Popovers je ein Spiegelei.

ITALIENISCHE
POPOVERS

Alle Zutaten sollen zimmerwarm sein!

ZUM VORBEREITEN:
120 g Parmesan, im Stück
12 Cocktailtomaten

FÜR DEN TEIG:
1 EL Olivenöl
Salz

gem. Pfeffer
1 TL gerebelter Oregano
2 Eier (Größe M)
275 ml Milch (3,5 % Fett)
140 g Weizenmehl

ZUSÄTZLICH:
1 beschichtete Muffinform für 12 Muffins
Olivenöl für die Form

1_ Zum Vorbereiten Parmesan grob raspeln. Cocktailtomaten abspülen, trocken tupfen und die Stängelansätze herausschneiden.

2_ Den Backofen vorheizen.
Ober-/Unterhitze: etwa 220 °C
Heißluft: etwa 200 °C

3_ Die Muffinform mit Olivenöl bestreichen und auf dem Rost in den Backofen schieben.

4_ Für den Teig Olivenöl mit je 1 Prise Salz und Pfeffer, Oregano, Eiern und Milch in einen hohen Rührbecher geben und mit einem Schneebesen oder Pürierstab gut verrühren. Mehl in eine große Rührschüssel geben. Geraspelten Parmesan zum Mehl geben und untermischen. Die Eier-Milch-Masse hinzugeben und mit einem Schneebesen schnell verrühren. Nur so lange rühren, bis die Masse fast klümpchenfrei ist. Den Teig wieder zurück in den Rührbecher füllen.

5_ Die heiße Muffinform aus dem Backofen nehmen. Je eine Cocktailtomate in die Mulden der Form geben. Den Teig aus dem Rührbecher gleichmäßig darauf verteilen und die Form sofort wieder auf dem Rost in den vorgeheizten Backofen schieben. Popovers **etwa 10 Minuten backen,** dann die **Backofentemperatur auf Ober-/Unterhitze: etwa 180 °C, Heißluft: etwa 160 °C herunterschalten** und die Popovers in **weiteren etwa 15 Minuten fertig backen.**
Wichtig: Den Backofen während der Backzeit nicht öffnen, da die Popovers sonst zusammenfallen.

6_ Die Form auf einen Kuchenrost stellen. Die Popovers etwa 2 Minuten in der Form abkühlen lassen, dann aus der Form nehmen und am besten lauwarm servieren.

→ TIPPS:
Servieren Sie zu den Popovers einen Rotwein. Statt der Cocktailtomaten können Sie auch 1 Esslöffel Tomatenmark unter die Eier-Milch-Masse rühren.

INDISCHE POPOVERS

Alle Zutaten sollen zimmerwarm sein!

FÜR DAS CHUTNEY:
2 Mangos (etwa 700 g)
2 Zwiebeln (etwa 150 g)
1–2 Jalapeño (Chilischote, etwa 25 g)
20 g frischer Ingwer
1 gestr. TL Salz
1 TL Currypulver
½ TL gem. Kreuzkümmel (Cumin)
½ TL gem. Zimt
4 EL Weißweinessig
100 g Extra Gelierzucker 2:1
100 ml Wasser

FÜR DEN TEIG:
50 g Cashewkerne, gesalzen
2 Eier (Größe M)
½ gestr. TL Salz
275 ml Milch (3,5 % Fett)
1 EL Speiseöl
1 ½ TL Currypulver
1 TL Kurkuma (Gelbwurz)
140 g Weizenmehl

ZUSÄTZLICH:
beschichtete Muffinform für 12 Muffins
Speiseöl für die Form

1_ Für das Chutney Mangos halbieren und das Fruchtfleisch vom Stein schneiden. Fruchtfleisch schälen und in etwa 1 cm große Würfel schneiden. Zwiebeln abziehen und klein würfeln. Jalapeño halbieren, entstielen, entkernen, abspülen, trocken tupfen und in kleine Würfel schneiden. Ingwer schälen und klein würfeln. Die vorbereiteten Zutaten in einen Topf geben. Salz, Curry, Kreuzkümmel, Zimt, Essig, Gelierzucker und Wasser hinzugeben.

2_ Zutaten zum Kochen bringen, Chutney bei mittlerer Hitze etwa 20 Minuten kochen lassen, dabei mehrmals umrühren. Wenn das Chutney zu fest wird, nochmals etwas Wasser unterrühren.

3_ Den Backofen vorheizen.
Ober-/Unterhitze: etwa 220 °C
Heißluft: etwa 200 °C

4_ Die Muffinform mit Speiseöl bestreichen und auf dem Rost in den Backofen schieben.

5_ Für den Teig Cashewkerne grob hacken. Eier, Salz, Milch und Speiseöl in einen Rührbecher geben und mit einem Schneebesen oder Pürierstab gut verrühren. Curry, Kurkuma und Mehl in eine große Rührschüssel geben, Cashewkerne untermischen. Die Eier-Milch-Masse hinzugeben und mit einem Schneebesen schnell verrühren. Nur so lange rühren, bis die Masse fast klümpchenfrei ist. Den Teig wieder zurück in den Rührbecher füllen.

6_ Die heiße Muffinform aus dem Backofen nehmen. Den Teig aus dem Rührbecher gleichmäßig in den 12 Mulden verteilen und die Form sofort wieder auf dem Rost in den vorgeheizten Backofen schieben. Popovers **etwa 10 Minuten backen**, dann die **Backofentemperatur auf Ober-/Unterhitze: etwa 180 °C, Heißluft: etwa 160 °C herunterschalten** und die Popovers in **weiteren etwa 15 Minuten fertig backen.** Wichtig: Den Backofen während der Backzeit nicht öffnen, da die Popovers sonst zusammenfallen!

7_ Die Form auf einen Kuchenrost stellen. Popovers etwa 2 Minuten in der Form abkühlen lassen, dann aus der Form nehmen. Die Popovers lauwarm mit dem Mango-Chutney servieren.

→ TIPPS:
Das restliche Mango-Chutney hält sich in einem gut schließenden Glas im Kühlschrank gut eine Woche.

KRÄUTER-POPOVERS
MIT JOGHURT-DIP

Alle Zutaten sollen zimmerwarm sein!

ZUM VORBEREITEN:
*2 Bund frische Kräuter, z. B. Petersilie,
Oregano, Schnittlauch, Koriander,
Basilikum, Bärlauch oder
50 g TK-Kräutermischung*

FÜR DEN TEIG:
*1 EL Olivenöl
2 Eier (Größe M)
½ gestr. TL Salz*

*2 Prisen gem. Pfeffer
275 ml Milch (3,5 % Fett)
140 g Weizenmehl*

FÜR DEN DIP:
*250 g griechischer Joghurt (10 % Fett)
Salz
gem. Pfeffer*

ZUSÄTZLICH:
*1 beschichtete Muffinform für 12 Muffins
Olivenöl für die Form*

1_ Zum Vorbereiten Kräuter abspülen und trocken tupfen. Die Blättchen von den Stängeln zupfen (etwa 50 g), Blättchen klein schneiden.

2_ Den Backofen vorheizen.
Ober-/Unterhitze: etwa 220 °C
Heißluft: etwa 200 °C

3_ Die Muffinform mit Olivenöl bestreichen und auf dem Rost in den Backofen schieben.

4_ Für den Teig Olivenöl mit Eiern, Salz, Pfeffer und Milch in einen hohen Rührbecher geben und mit einem Schneebesen oder Pürierstab gut verrühren. Mehl in eine große Rührschüssel geben. Die Hälfte der vorbereiteten Kräuter zum Mehl geben und untermischen. Die Eier-Milch-Masse hinzugeben und mit einem Schneebesen schnell verrühren. Nur so lange rühren, bis die Masse fast klümpchenfrei ist. Den Teig wieder zurück in den Rührbecher füllen.

5_ Die heiße Muffinform aus dem Backofen nehmen. Den Teig aus dem Rührbecher gleichmäßig in den 12 Mulden verteilen und die Form sofort wieder auf dem Rost in den vorgeheizten Backofen schieben. Popovers **etwa 10 Minuten backen**, dann die **Backofentemperatur auf Ober-/Unterhitze: etwa 180 °C, Heißluft: etwa 160 °C herunterschalten** und die Popovers in weiteren **etwa 15 Minuten fertig backen**.
Wichtig: Den Backofen während der Backzeit nicht öffnen, da die Popovers sonst zusammenfallen.

6_ Für den Dip in der Zwischenzeit Joghurt glatt rühren, mit Salz und Pfeffer würzen. Restliche vorbereitete Kräuter unterrühren. Den Dip beiseitestellen.

7_ Die Form auf einen Kuchenrost stellen. Die Popovers etwa 2 Minuten in der Form abkühlen lassen, dann aus der Form nehmen und am besten lauwarm mit dem Kräuter-Joghurt-Dip servieren.

POPOVERS GEFÜLLT

Alle Zutaten sollen zimmerwarm sein!

ZUM VORBEREITEN:
2 rote oder gelbe Paprikaschoten
1 Knoblauchzehe
2 EL Olivenöl

FÜR DEN TEIG:
1 EL Olivenöl
2 Eier (Größe M)
½ gestr. TL Salz
½ TL Chiliflocken

275 ml Milch (3,5 % Fett)
140 g Dinkelmehl (Type 630)

FÜR DIE QUARKFÜLLUNG:
500 g Magerquark (1,5 % Fett i. Tr.)
Salz
½ TL Chiliflocken
1–2 EL Milch

ZUSÄTZLICH:
1 beschichtete Muffinform für 12 Muffins
Olivenöl für die Form

1_ Zum Vorbereiten Paprikaschoten halbieren, entstielen, entkernen und die weißen Scheidewände entfernen. Schoten abspülen, abtropfen lassen und in etwa ½ cm große Würfel schneiden. Knoblauch abziehen und klein würfeln.

2_ Olivenöl in einer Pfanne erhitzen. Die Paprikawürfel darin kurz unter Rühren anbraten, dann die Knoblauchwürfel hinzugeben und kurz mitdünsten lassen. Die Paprikamasse herausnehmen, auf einen Teller geben und erkalten lassen.

3_ Den Backofen vorheizen.
Ober-/Unterhitze: etwa 220 °C
Heißluft: etwa 200 °C

4_ Die Muffinform mit Olivenöl bestreichen und in den Backofen schieben.

5_ Für den Teig Olivenöl mit Eiern, Salz, Chiliflocken und Milch in einen hohen Rührbecher geben und mit einem Schneebesen oder Pürierstab gut verrühren. Mehl in eine große Rührschüssel geben. Die Eier-Milch-Masse hinzugeben und mit einem Schneebesen schnell verrühren. Nur so lange rühren, bis die Masse fast klümpchenfrei ist. Den Teig wieder zurück in den Rührbecher füllen.

6_ Die heiße Muffinform aus dem Backofen nehmen. Den Teig aus dem Rührbecher gleichmäßig in den 12 Mulden verteilen und die Form sofort wieder auf dem Rost in den vorgeheizten Backofen schieben. Popovers **etwa 10 Minuten backen**, dann die **Backofentemperatur auf Ober-/Unterhitze: etwa 180 °C, Heißluft: etwa 160 °C herunterschalten** und die Popovers in **weiteren etwa 15 Minuten fertig backen**.
Wichtig: Den Backofen während der Backzeit nicht öffnen, da die Popovers sonst zusammenfallen.

7_ Für die Füllung in der Zwischenzeit Quark mit Salz, Chiliflocken und Milch glatt rühren. Die erkaltete Paprikamasse mit dem entstandenen Saft unterrühren.

8_ Die Form auf einen Kuchenrost stellen. Die Popovers etwa 2 Minuten in der Form abkühlen lassen, dann aus der Form nehmen. Von den Popovers am besten noch heiß mit einem Sägemesser die obere Kappe abschneiden (Achtung: heißer Dampf!). Popovers abkühlen lassen.

9_ Kurz vor dem Servieren die lauwarmen oder erkalteten Popovers mit der Quarkfüllung füllen.

POPOVER
PIZZA FUNGHI

Alle Zutaten sollen zimmerwarm sein!

ZUM VORBEREITEN:
150 g Champignons
2 Knoblauchzehen
1 Bund Petersilie
150 g Emmentaler, im Stück

FÜR DEN TEIG:
2 Eier (Größe M)
Salz
gem. Pfeffer
250 ml Milch (3,5 % Fett)
130 g Weizenmehl

ZUSÄTZLICH:
1 beschichtete Tarteform
  oder Springform (Ø 26 cm)
Olivenöl für die Form

1_ Zum Vorbereiten Champignons putzen, evtl. kurz abspülen, trocken tupfen und in etwa 4 mm dicke Scheiben schneiden. Knoblauch abziehen und in kleine Würfel schneiden. Petersilie abspülen und trocken tupfen. Die Blättchen von den Stängeln zupfen, Blättchen klein schneiden. Käse grob reiben.

2_ Den Backofen vorheizen.
Ober-/Unterhitze: etwa 220 °C
Heißluft: etwa 200 °C

3_ Die Tarte- oder Springform mit Olivenöl bestreichen. Champignonscheiben und Knoblauchwürfel in der Form verteilen und auf dem Rost in den Backofen schieben.

4_ Für den Teig Eier mit 1 Prise Salz, 2 Prisen Pfeffer und Milch in einen Rührbecher geben und mit einem Schneebesen oder Pürierstab gut verrühren. Mehl in eine große Rührschüssel geben. Vorbereitete Petersilie und die Hälfte des geriebenen Käses zum Mehl geben und untermischen. Die Eier-Milch-Masse hinzugeben und mit einem Schneebesen schnell verrühren. Nur so lange rühren, bis die Masse fast klümpchenfrei ist. Den Teig wieder zurück in den Rührbecher füllen.

5_ Die heiße Tarte- oder Springform aus dem Backofen nehmen. Den Teig aus dem Rührbecher gleichmäßig auf den Champignonscheiben in der Form verteilen. Die Form sofort wieder zurück auf dem Rost in den vorgeheizten Backofen schieben. Die Pizza Funghi **etwa 10 Minuten backen**, dann die **Backofentemperatur auf Ober-/Unterhitze: etwa 180 °C, Heißluft: etwa 160 °C herunterschalten** und die Pizza in **weiteren etwa 20 Minuten fertig backen**.
Wichtig: Den Backofen während des Backens nicht öffnen, da die Pizza sonst zusammenfällt.

6_ Die Form auf einen Kuchenrost stellen. Die Pizza Funghi sofort mit dem restlichen Käse bestreuen, aus der Form lösen und in Stücke schneiden.

7_ Pizza Funghi heiß als Beilage, Snack oder kleine Mahlzeit servieren.

→ **TIPP:**

Schmeckt auch sehr gut mit Pfifferlingen oder Austernpilzen. Evtl. zusätzlich noch einige Champignonscheiben auf den Belag geben.

POPOVERS
WÜRSTCHEN IM SCHLAFROCK

Alle Zutaten sollen zimmerwarm sein!

ZUM VORBEREITEN:
24 Mini-Cocktailwürstchen oder 6 kleine Wiener Würstchen

FÜR DEN TEIG:
1 EL Speiseöl
Salz
1 ½ EL mittelscharfer Senf
2 Eier (Größe M)
275 ml Milch (3,5 % Fett)
140 g Weizenmehl

ZUSÄTZLICH:
1 beschichtete Muffinform für 12 Muffins
Speiseöl für die Form

1_ Zum Vorbereiten Würstchen in heißes Wasser (nicht kochend) legen.

2_ Den Backofen vorheizen.
Ober-/Unterhitze: etwa 220 °C
Heißluft: etwa 200 °C

3_ Die Muffinform mit Speiseöl bestreichen und auf dem Rost in den Backofen schieben.

4_ Für den Teig Speiseöl, 1 Prise Salz, Senf, Eier und Milch in einen hohen Rührbecher geben und mit einem Schneebesen oder Pürierstab gut verrühren. Mehl in eine große Rührschüssel geben. Die Eier-Milch-Masse hinzugeben und mit einem Schneebesen schnell verrühren. Nur so lange rühren, bis die Masse fast klümpchenfrei ist. Den Teig wieder zurück in den Rührbecher füllen.

5_ Die Würstchen aus dem heißen Wasser nehmen und mit Küchenpapier trocken tupfen.

6_ Die heiße Muffinform aus dem Backofen nehmen. Je zwei Miniwürstchen in die Mulden der Form geben. Den Teig aus dem Rührbecher gleichmäßig darauf verteilen. Die Form sofort wieder auf dem Rost in den vorgeheizten Backofen schieben. Popovers **etwa 10 Minuten backen**, dann die **Backofentemperatur auf Ober-/Unterhitze: etwa 180 °C, Heißluft: etwa 160 °C herunterschalten** und die Popovers in weiteren etwa 15 Minuten fertig backen.
Wichtig: Den Backofen während der Backzeit nicht öffnen, da die Popovers sonst zusammenfallen.

7_ Die Form auf einen Kuchenrost stellen. Die Popovers etwa 2 Minuten in der Form abkühlen lassen, dann aus der Form nehmen und am besten lauwarm servieren.

→ **TIPP:**

Wenn Sie Wiener Würstchen verwenden, diese halbieren. Dann zuerst den Teig in den Mulden verteilen und jeweils die Würstchenhälfte in den Teig legen und etwas eindrücken.

RATGEBER

Popovers: Reinschauen erwünscht

Wenn Amerikaner von „pop over" sprechen, dann meinen sie, dass sie irgendwo mal kurz reinschauen wollen. Daher kommt auch der Name für das kleine Gebäck, das während des Backens immer mehr aufgeht und aus der Form heraus „mal kurz reinschaut".

Was die Konsistenz und den Geschmack betrifft, liegen Popovers zwischen Windbeuteln und Pfannkuchen. Sie sind schnell zubereitet, brauchen etwa 25 Minuten im Backofen und sollten unbedingt frisch gegessen werden.

Popovers passen eigentlich immer: Mit den süßen Varianten kann man den Tag beginnen, zwischendurch eignen sie sich perfekt als kleiner Snack und abends sind sie eine anpassungsfähige Beilage oder ein schmackhaftes Dessert, gut zu kombinieren mit Wein oder Bier. Langweilig wird es dabei garantiert nie, denn Popovers sehen je nach Backform und Füllung immer wieder anders aus und bieten so unterschiedliche Geschmackserlebnisse.

Ganz einfach:
5 Tipps für die Popover-Zubereitung

Es gibt so viele süße und pikante Varianten – und sie sind wirklich einfach zubereitet. Das sollten Sie dabei auf jeden Fall beachten:

- Popover-, Muffin- oder Canelleformen haben ein Fassungsvermögen von etwa 90 ml. Sie sollten unbedingt aus beschichtem Metall oder Silikon sein – dann bleibt nichts kleben und das Gebäck kann leicht aus der Form gelöst werden.

- Die Form muss vor dem Einfüllen der Masse erhitzt werden, damit die Popovers gut aufgehen.
- Alle Zutaten sollen zimmerwarm sein.
- Mehl und andere Zutaten, wie Speisestärke und Backpulver immer gesiebt verarbeiten, da sich die Zutaten dann leichter „fast" kümpchenfrei vermischen lassen.
- Bei den meisten Rezepten sollen die Popovers nach dem Backen etwa 2 Minuten in der Form bleiben. Dann kann man sie noch gut aus der Form lösen, ohne sich gleich die Hände zu verbrennen.

Mug Cakes: Blitz oder Backen

Mug heißt im Englischen eine Tasse oder ein Becher mit einem Henkel. Diese lassen sich zum Backen von kleinen Küchlein perfekt nutzen – wenn sie ofenfest sind! Mug Cakes können in der Mikrowelle oder im Ofen zubereitet werden.

Ganz schnell: Mug Cakes aus der Mikrowelle

Blitz-Mug-Cakes sind die optimale Lösung für enge Zeitpläne oder überraschenden Besuch. Man kann sie rasch zubereiten und sollte sie auch möglichst frisch verzehren. So gelingen sie sicher:

- Je nach Beschaffenheit des Materials und der Wand- und Bodenstärke der Tassen/Gefäße kann es zu unterschiedlichen Garergebnissen kommen. Bei besonders dicken Tassenböden kann z.B. ein kleiner, flüssiger Teigrest am Boden der Tassen übrig bleiben.
- Keine Tasse mit Metall- oder Goldrand, bzw. Metallverzierungen verwenden.
- Bei mehreren Mug Cakes identische mikrowellengeeignete Tassen verwenden, damit das Garergebnis möglichst gleichmäßig wird.
- Tassen bis maximal etwa 2 cm unterhalb des Randes mit Teig füllen.
- Die Tassen mit Abstand zueinander und mit gleichmäßigem Abstand zu den Wänden in der Mikrowelle platzieren.
- Geduld haben: Den Garvorgang möglichst nicht durch vorzeitiges Öffnen der Tür unterbrechen.
- Je nach Konsistenz kann man die fertigen Mug Cakes auch auf einen Teller stürzen.
- Nicht überrascht sein: Teige bräunen in der Mikrowelle grundsätzlich nicht, deshalb evtl. helle Teige vor dem Servieren mit Puderzucker oder Kakaopulver bestäuben.
- Beim Garen in der Mikrowelle entweicht reichlich Feuchtigkeit aus den Küchlein, die sich evtl. an den Wänden und am Glastürinneren absetzen kann. Nach dem Garen die Mikrowelle deshalb auswischen oder geöffnet trocknen lassen.

Ganz praktisch: Mug Cakes aus dem Backofen

In Gegensatz zu den Blitz-Mug-Cakes aus der Mikrowelle können Mug Cakes aus dem Backofen auch einen Tag im Voraus zubereitet werden. Das gelingt problemlos, wenn Sie diese Hinweise beachten:

- Verwenden Sie zum Backen ausschließlich robuste Tassen oder Becher aus möglichst bruchfestem, backofen- und mikrowellengeeignetem Alltagsporzellan. Feine Bone China-Geschirrteile oder hochwertiges Porzellan mit zarten Reliefs oder Goldrand sollten wegen der Gefahr des Platzens nicht im Backofen zum Einsatz kommen.
- Wenn die Kuchen direkt in den Bechern/Tassen serviert und daraus gegessen werden, kann man auf das Einfetten und Bemehlen, bzw. Ausstreuen mit Mandeln o. ä. auch verzichten.
- Frische Mug Cakes aus dem Backofen bleiben bis zu 3–4 Tagen appetitlich frisch, wenn sie mit Frischhaltefolie bedeckt werden.
- Besonders praktisch sind Mug Cakes, wenn Sie z.B. ein Picknick planen, da die kleinen Cakes in den Tassen bereits stabil transportiert werden können. Umwickeln Sie die einzelnen Cakes jeweils mit Frischhaltefolie und dann stoßsicher, je nach Größe, zum Beispiel in Geschirrtücher oder mehrere Lagen Küchenpapier.

ALLGEMEINE HINWEISE
ZU DEN REZEPTEN

Lesen Sie bitte vor der Zubereitung – besser noch vor dem Einkauf – das Rezept einmal vollständig durch. Oft werden Arbeitsabläufe oder -zusammenhänge dann klarer.

Zutatenliste
Die Zutaten sind in der Reihenfolge ihrer Verarbeitung aufgeführt.

Arbeitsschritte
Die Arbeitsschritte sind einzeln hervorgehoben, in der Reihenfolge, in der sie von uns ausprobiert wurden.

Zubereitungszeiten
Die Zubereitungszeit ist ein Anhaltswert für die Dauer der Vorbereitung und die eigentliche Zubereitung. Längere Wartezeiten wie Kühl- oder Abkühlzeiten, Auftau- und Durchziehzeiten sind, sofern parallel keine weitere Tätigkeit erfolgt, nicht in der Zubereitungszeit enthalten. Die Backzeiten werden in der Regel gesondert ausgewiesen.

Backofen-/Mikrowelleneinstellung und Backzeiten
Die in den Rezepten angegebenen Backtemperaturen und Backzeiten sind Richtwerte, die je nach individueller Hitzeleistung Ihres Backofens über- oder unterschritten werden können. Machen Sie nach Beendigung der angegebenen Backzeit eine Garprobe.
Die Temperaturangaben in diesem Buch beziehen sich auf Elektrobacköfen. Die Temperatureinstellungsmöglichkeiten für Gasbacköfen variieren je nach Hersteller, sodass wir keine allgemeingültigen Angaben machen können. Bitte beachten Sie deshalb bei der Einstellung des Backofens (Mikrowelle) die Gebrauchsanleitung des Herstellers. Ein Backofenthermometer eignet sich dabei gut, um die Backofentemperatur im Blick zu haben.

Einschubhöhe
Hohe und halbhohe Formen werden im Allgemeinen auf dem Rost auf die untere Einschubleiste geschoben, flache Formen auf die mittlere Einschubleiste. Abweichungen sind möglich und von der Ausführung Ihres Backofens abhängig. Beachten Sie daher auch die Angaben Ihres Herstellers.

Hinweise zu den Nährwerten
Die Nährwerte beziehen sich jeweils auf 1 Stück.
Bei den Nährwertangaben in den Rezepten handelt es sich um auf- bzw. abgerundete ganze Werte. Lediglich die Broteinheiten werden in 0,5er-Schritten mit einer Stelle nach dem Komma angegeben.
Aufgrund von ständigen Rohstoffschwankungen und/oder Rezepturveränderungen bei Lebensmitteln kann es zu Abweichungen kommen. Die Nährwertangaben dienen daher lediglich Ihrer Orientierung und eignen sich nur bedingt für die Berechnung eines Diätplans, zum Beispiel bei Krankheiten wie Diabetes. Bei krankheitsbedingten Diäten richten Sie sich daher bitte nach den Anweisungen Ihres Diätassistenten bzw. Ihres Arztes.

Abkürzungen und Symbole

EL	=	Esslöffel
TL	=	Teelöffel
Msp.	=	Messerspitze
Pck.	=	Packung/Päckchen
g	=	Gramm
kg	=	Kilogramm
ml	=	Milliliter
l	=	Liter
evtl.	=	eventuell
geh.	=	gehäuft

gem.	=	gemahlen
ger.	=	gerieben
gestr.	=	gestrichen
TK	=	Tiefkühlprodukt
°C	=	Grad Celsius
Ø	=	Durchmesser
⏱	=	Zubereitungszeit
⚖	=	Kalorien-/Nährwertangaben

Kalorien-/Nährwertangaben

E	=	Eiweiß
F	=	Fett
Kh	=	Kohlenhydrate
kJ	=	Kilojoule
kcal	=	Kilokalorien
BE	=	Broteinheiten

ALPHABETISCHES
REGISTER

Für Fragen, Vorschläge oder Anregungen stehen Ihnen
der Verbraucherservice der Dr. Oetker Versuchsküche
Telefon: 00800 71 72 73 74 Mo.–Fr. 8:00–18:00 Uhr,
(gebührenfrei in Deutschland)
oder die Mitarbeiter des Dr. Oetker Verlages
Telefon: +49 (0) 521 520650 Mo.–Fr. 9:00–15:00 Uhr
zur Verfügung.

Schreiben Sie uns:
Dr. Oetker Verlag KG, Am Bach 11, 33602 Bielefeld.
Oder besuchen Sie uns online unter www.oetker-verlag.de,
www.facebook.com/Dr.OetkerVerlag oder www.oetker.de.

Umwelthinweis Dieses Buch und der Einband wurden
auf FSC® -zertifiziertem, chlorfrei
gebleichtem Papier gedruckt.
Die Einschrumpffolie – zum Schutz vor
Verschmutzung – ist aus umweltfreund-
lichem und recyclingfähigem PE-Material.

FSC
www.fsc.org

MIX
Papier aus verantwor-
tungsvollen Quellen
FSC® C011124

Copyright © 2015 by Dr. Oetker Verlag KG, Bielefeld

Redaktion Carola Reich, Annette Riesenberg

Texte und Ratgeber Klaus Schäfer, Bonn

Titelfoto Fotostudio Diercks

Innenfotos Walter Cimbal, Hamburg

**Rezeptentwicklung und
-beratung** Christine Bergmayer, Hamburg
Susanne Raht, Hamburg

**Rezeptberatung
und Foodstyling** Hermann Rottmann, Hamburg

Nährwertberechnungen Nutri Service, Hennef

**Titelgestaltung
Grafisches Konzept** küstenwerber, Hamburg
küstenwerber, Hamburg

Gestaltung MDH Haselhorst, Bielefeld

Satz Junfermann Druck & Service GmbH & Co. KG

Reproduktionen d & d digital data medien GmbH, Bad Oeynhausen

Druck und Bindung Mohn Media Mohndruck GmbH, Gütersloh

ISBN: 978-3-7670-0889-2